Hans-Ulrich Treichel

Der Verlorene

INTERPRETATION

von Hans-Martin Ruopp

STARK

© 2019 Stark Verlag GmbH
www.stark-verlag.de

Inhalt

Vorwort

Einführung 1

Biografie und Entstehungsgeschichte 3

1 Hans-Ulrich Treichel: Leben und Werk 3

2 Entstehungsgeschichte von *Der Verlorene* 7

3 Historischer Hintergrund der Erzählung 9

Inhaltsangabe 13

1 Der Inhalt in aller Kürze 13

2 Ausführlicher Inhaltsüberblick 14

Textanalyse und Interpretation 27

1 Aufbau und Textstruktur 27

• Äußere Struktur 27

• Innere Struktur: Zeit 28

• Innere Struktur: Raum 30

• Literarische Form: Erzählung 31

2 Figuren 32

• Der Ich-Erzähler 32

• Die Eltern 37

• Arnold 43

• Nebenfiguren 45

3 Thematische Schwerpunkte 50

• Der verlorene Sohn 50

• Die anthropometrischen und erbbiologischen
  Untersuchungen 51

• Die Bedeutung der Fotografie 55

• Schuld und Scham 56

4 Erzähltechnik und Sprache 61
- Erzählweise 61
- Komik und Tragik 62
- Sprache und Stil 66
5 Interpretation von Schlüsselstellen 71
- Das Schweinekopfessen (S. 38–45) 71
- Der Spaziergang in Heidelberg (S. 117–123) 73
- Die Begegnung mit Heinrich (S. 167–175) 75

Rezeption 81

Literaturhinweise 84

Anmerkungen 85

Autor: Hans-Martin Ruopp

Vorwort

Liebe Schülerin, lieber Schüler,

sind Sie ein Einzelkind? Haben Sie Geschwister? Und wer hat es am schwersten: die Einzelkinder, die Erst- oder die Nachgeborenen? Und wie ginge es Ihnen, wenn nun plötzlich ein älterer Bruder auftauchen würde, der zuerst einmal „untot" ist (vgl. S. 17)? Diese **ungewöhnliche Situation mit ihren unvorhersehbaren Folgen** erlebt der Ich-Erzähler in der Geschichte *Der Verlorene* von Hans-Ulrich Treichel.

Das Buch wird dadurch zu einer spannenden Lektüre. Dabei fließt viel von der **Biografie des Autors** in die Erzählung ein, die zudem ein **Sittengemälde der frühen Wirtschaftswunderzeiten der Bundesrepublik** ist. Und schließlich wirft *Der Verlorene* ein Schlaglicht auf die **Geschichte der Millionen Vertriebenen in den Nachkriegsjahren**, die durch die heutige Flüchtlingskrise – Ende 2017 waren nach Angaben der UN-Flüchtlingshilfe 68,5 Millionen Menschen weltweit auf der Flucht[1] – eine ganz neue Aktualität erhalten hat. Auch das bis heute brisante Thema der **Vergewaltigung als Begleiterscheinung von Krieg und Flucht** spielt in Treichels Geschichte eine wichtige Rolle.

Dass sich der Autor Hans-Ulrich Treichel in seinen literarischen Werken immer wieder mit autobiografisch motivierten Themen beschäftigt, hat wohl etwas mit den **Spätfolgen traumatischer Familienerfahrungen** zu tun.

Diese Interpretationshilfe soll Ihnen neben der Biografie des Autors die Entstehungsgeschichte der Erzählung und den zeitgeschichtlichen Kontext näherbringen. Nach einer kurzen Zusammenfassung des Inhalts und einer ausführlichen **Inhaltsangabe** werden die **Hauptpersonen** charakterisiert und die formalen sowie inhaltlichen Schwerpunkte analysiert. Anhand von drei Schlüsselstellen werden **wesentliche Aspekte der Erzählung** exemplarisch interpretiert. Am Ende gibt Ihnen eine kurze Darstellung der Rezeptionsgeschichte einen **Überblick über die Aufnahme des Werkes**, das auch dramatisiert und verfilmt wurde.

Hans-Martin Ruopp

Hans-Martin Ruopp

Einführung

Hans-Ulrich Treichel schreibt in seiner Habilitationsarbeit über den Dichter Robert Walser (1878–1956), dass dessen Werk „immer auch als ein Gesamttext, als Lebenstext gelesen werden kann",[2] und betont, dies gelte nicht nur für diesen Autor. Man möchte hinzufügen: Es gilt auch für den Autor Treichel, der von seinen ersten Prosaskizzen bis zu seinen späten Romanen immer wieder die **Erlebnisse eines Flüchtlingskindes** verarbeitet, das in einer feindlich gesinnten Provinz mit einer traumatisierten Mutter und einem emotional erstarrten Vater aufgewachsen ist.

Es ist ein „**Lebenstext" von Anti-Helden**, die ihren Platz in der Gesellschaft suchen, von schlechtem Gewissen und ständigen Zweifeln geplagt, ob sie den Ansprüchen genügen. Und es ist der „Lebenstext" eines Autors, der es als „besonderes Privileg erfahren [hat], die eigene Lebensgeschichte und das eigene Ich abwandeln oder gar neu erfinden zu dürfen".[3] Und so erfindet er in der Erzählung *Der Verlorene* ein Alter Ego, das verzweifelt seinen Platz in der Familie gegenüber dem verschollenen Bruder behaupten will und am Ende doch selbst der Verlorene ist.

Diese Geschichte so zu erzählen, dass sie nicht bleischwer auf dem Leser lastet, sondern auch ihre absurd-komischen Seiten hat, ist die große Kunst dieses Autors, dem es „nicht nur Vergnügen bereitet, aus mißlichen Erfahrungen bessere zu machen, sondern auch bessere Erfahrungen in mißliche zu verwandeln".[4] Der Autor Hans-Ulrich Treichel spielt also mit seiner **Freiheit, die selbst erlebte Geschichte zu fiktionalisieren** und dabei zu verändern, und zwar in beide Richtungen, in die Verschlimmerung wie in die Verbesserung seiner Erfahrungen.

Biografie und Entstehungsgeschichte

1 Hans-Ulrich Treichel: Leben und Werk

Der Ort, an dem ich geboren wurde und der einmal als DIE STADT DER WÜRSTE UND SCHINKEN in die Geschichte Ostwestfalens eingehen wird, war für mich nichts als eine trübsinnige Ansammlung von Zweifamilienhäusern und Umgehungsstraßen, von Möbelgeschäften und Fleischereien.[5]

Mit diesem Satz, den Hans-Ulrich Treichel später als ersten ernst zu nehmenden Prosasatz seines Lebens bezeichnet hat,[6] beschreibt der Autor seine Heimatstadt Versmold in Westfalen. Dort wurde er am **12. 08. 1952** als einer von drei Brüdern geboren. Seine Eltern, die sich mit einem Tabakgroß- und Einzel-

Autor Hans-Ulrich Treichel

handel eine neue Existenz aufbauten, waren **Vertriebene aus Rakowiec** (im heutigen Polen), wo der Vater als Schwerkriegsbeschädigter einen landwirtschaftlichen Hof bewirtschaftet hatte. 1968 kam Treichel wegen schlechter Noten schließlich in ein Internat in Hessen.

Nach dem Abitur 1972 studierte er **Germanistik, Politologie und Philosophie** in Berlin und legte 1979 seine erste Staatsprüfung für das Lehramt ab. 1981–1982 arbeitete er als **Lektor für deutsche Sprache** in Salerno und unterrichtete 1984–1985 in Pisa. 1985–1991 war er dann **wissenschaftlicher Mitarbei-**

ter an der *FU Berlin*. 1984 promovierte er über den Schriftsteller Wolfgang Koeppen, 1993 habilitierte er über das Thema „Auslöschungsverfahren". 1995 wurde er **Professor** am *Deutschen Literaturinstitut* in Leipzig, das er zusammen mit dem Schriftsteller Josef Haslinger von 1999 bis 2018 leitete.

Das **Deutsche Literaturinstitut Leipzig (DLL)** wurde 1995 gegründet und ist aus dem in der DDR ins Leben gerufenen *Literaturinstitut Johannes R. Becher* hervorgegangen. Es bietet einen Bachelorstudiengang in den Genres Prosa, Lyrik und Szenisches Schreiben und einen Masterstudiengang als Romanwerkstatt an. Es ist einer der wenigen Orte, wo man in Deutschland literarisches Schreiben studieren kann. Es werden jedes Jahr ca. 20 Studenten aufgenommen. Absolventen dieses Instituts sind z. B. die heute erfolgreichen Autorinnen und Autoren Juli Zeh, Nora Bossong und Saša Stanišić.

Im Wintersemester 1999/2000 übernahm Treichel zusätzlich die **Poetikdozentur** in Frankfurt. Seine Poetikvorlesungen erschienen im selben Jahr unter dem Titel *Der Entwurf des Autors*. Außerdem arbeitete er in den 1980er-Jahren mit dem Komponisten Hans Werner Henze zusammen und verfasste für ihn einige **Libretti**, also Texte für Opern u. Ä.

Treichel begann sein schriftstellerisches Werk mit Gedichten, die er in Kleinverlagen veröffentlichte. 1985 wurde er mit dem *Leonce-und-Lena-Preis* ausgezeichnet, wodurch der Suhrkamp Verlag auf ihn aufmerksam wurde und 1986 seinen **Gedichtband** *Liebe Not* herausbrachte. 1988 bekam er ein Stipendium in der *Villa Massimo* in Rom, wo er zuerst von einer Schreibblockade erfasst wurde. Dann brachte ihn ein **autobiografischer Impuls** dazu, nicht mehr Lyrik, sondern **Prosa zu schreiben.**

Die **Villa Massimo** ist eine Kultureinrichtung der Bundesrepublik Deutschland. Sie vergibt Stipendien in den Bereichen Bildende Kunst, Literatur, Musik und Architektur an junge Künstler, die sich schon einen Namen gemacht haben. Sie bekommen eine finanzielle Unterstützung und können für zehn Monate kostenfrei in der Villa in Rom wohnen und arbeiten. Das Stipendium gilt als eine der wichtigsten Auszeichnungen Deutschlands. In der Villa wohnten z. B. auch die Autorin Sibylle Lewitscharoff und der Lyriker Jan Wagner.

Es entstanden die ersten „Berichte" *Von Leib und Seele*, die 1992 erschienen. Ebenso wie der zweite Prosaband *Heimatkunde oder alles ist heiter und edel* (1996) sind diese Texte sehr **von Treichels eigener Lebensgeschichte bestimmt.**

War der Faden erst einmal aufgenommen, dann konnte es für mich keinen Zweifel geben, daß mein Schreiben ein autobiographisch inspiriertes Schreiben, mein Material die eigene Erfahrung und das eigene Ich waren.[7]

Den **Durchbruch** schaffte Treichel mit der Erzählung *Der Verlorene* (1998). Sie ist der erste Teil einer stark autobiografisch beeinflussten Familientrilogie, die mit *Menschenflug* (2005) und *Anatolin* (2008) ihre Fortsetzung findet. Für *Menschenflug* wurde er mit dem *Hermann-Hesse-Literaturpreis* ausgezeichnet.

Hans-Ulrich Treichel lebt seit seiner Pensionierung in **Berlin und Leipzig.** Er ist mit Ulrike Brunotte verheiratet, einer Professorin für *Gender and Diversity* an der Universität Maastricht. Seinen **verlorenen Bruder** hat er **nicht gefunden**, dieser bleibt verschollen. Aber er fand in den Nuller-Jahren das Findelkind 2307. Von der Begegnung mit ihm wird in den Romanen *Menschenflug* und *Anatolin* erzählt.

Weitere wichtige Werke von Hans-Ulrich Treichel:

- *Von Leib und Seele* (1992):
  In seiner ersten Prosaarbeit berichtet Treichel von den **Bedrückungen seiner Kindheit** und von seinen Erfahrungen mit Psychoanalytikern und Akademien.

- *Heimatkunde oder Alles ist heiter und edel* (1996):
  In zwölf kurzen Erzählungen, von seiner Hausgeburt bis zu diversen anderen Szenen seiner Lebensgeschichte, deckt der Ich-Erzähler die **Absurditäten des Alltags** auf.

- *Der Entwurf des Autors* (2000):
  In seinen Frankfurter Poetikvorlesungen gibt der Autor Einblick, wie er selbst zum Autor geworden ist.

- *Tristanakkord* (2000):
  Der Doktorand Georg Zimmer übernimmt den Auftrag, die Autobiografie des berühmten Komponisten Bergmann auf Fehler durchzusehen. Er begleitet den Maestro zu einer Uraufführung seines Werkes nach New York und besucht ihn in Schottland und auf seinem parkähnlichen Anwesen auf Sizilien, leidet aber immer an seinem „Emsfeld-Syndrom", seiner **kleinbürgerlichen und provinziellen Herkunft**.

- *Menschenflug* (2005):
  Im zweiten Buch der Familientrilogie macht Treichel den personalen Erzähler Stephan zum Autor seiner Erzählung *Der Verlorene*. Dieser nimmt die **Suche nach dem verschollenen Bruder** wieder auf und macht mithilfe der Unterlagen des Roten Kreuzes schnell das Findelkind 2307 ausfindig. Doch die beiden Schwestern verhindern eine Kontaktaufnahme; am Ende bricht der Erzähler mit Herzproblemen zusammen.

- *Anatolin* (2008):
  Im letzten Buch der Familientrilogie reist der Ich-Erzähler nach Polen, um die Heimat seiner Mutter zu finden. Gleichzeitig berichtet er, wie er **mit dem Findelkind 2307 Kontakt aufgenommen** hat. Der Gentest, dem sich beide unterziehen, fällt jedoch negativ aus. Die Grenzen zwischen Autor und Ich-Erzähler verschwimmen in diesem Roman immer mehr.

- *Grunewaldsee* (2010):
  Paul, der seit Jahren auf das Referendariat als Geschichtslehrer wartet, hält sich mit Nebenjobs über Wasser. In Malaga arbeitet er als Hilfslehrer und verliebt sich in eine verheiratete Frau. Zurück im Berlin der 1980er-Jahre wartet er darauf, sie wiederzusehen.

- *Frühe Störung* (2013):
  Die Hauptfigur Franz, ein erfolgloser Autor von Reiseführern, kann sich nicht von seiner Mutter lösen und in seinem

Gehirn dröhnt „dieses ständige Mutter Mutter Mutter". Selbst auf seinen Reisen nach Rom und Kalkutta wird er **vom schlechten Gewissen geplagt**, sich nicht genug um die an Krebs erkrankte Mutter gekümmert zu haben.

* *Tagesanbruch* (2016):
  Bei Tagesanbruch sitzt eine Mutter am Totenbett ihres Sohnes und erzählt ihr Leben. Sie wurde 1945 **auf der Flucht aus Polen von russischen Soldaten vor den Augen des Ehemanns vergewaltigt**. Die „zwei Beschämten" bauen sich im Westen mit einem Textilgeschäft eine neue Existenz auf, finden aber nie mehr zusammen, da sie nicht wissen, ob der Sohn ihr gemeinsames Kind ist.

2 Entstehungsgeschichte von *Der Verlorene*

Das Manuskript zu *Der Verlorene* entstand **zwischen 1996 und 1998**. In einem Interview erzählte Treichel, dass *Der Verlorene* ursprünglich eine kürzere Erzählung über Familienfotos werden sollte. „Dann kam das Photo des verlorenen Bruders dazu. Und plötzlich hatte ich eine Geschichte, die über das Fotomotiv weit hinausging."[8]

Treichel lebte 1989, als die Mauer fiel, in West-Berlin und wurde wie viele andere Westdeutsche auch **von der politischen Entwicklung in der DDR überrascht**. Die Öffnung der Mauer sah er im Fernsehen und es kam ihm „wie die Berichterstattung von einem anderen Erdteil"[9] vor. In dieser geschichtsträchtigen Phase verarbeitete er den **Verlust seines ältesten Bruders Günter** im Jahr 1945.

Insofern fühlte ich mich ganz auf der Höhe der Zeit, als ich mich, während am Potsdamer Platz die ersten Baumaschinen auffuhren, dem Thema Flucht und Vertreibung und der Nachkriegszeit zuwandte.[10]

Im Unterschied zum Ich-Erzähler erfuhr er erst kurz vor dem Tod der Mutter von der Suche nach dem ältesten Bruder. 1959 hatte der **Suchdienst des Roten Kreuzes** ein Findelkind aufgespürt, auf das der Zeitpunkt des Abhandenkommens und das Alter passten und von dem die Eltern bald überzeugt waren, dass es sich um ihren leiblichen Sohn handelte.

> *Ohne Wissen der Söhne und am Ende erfolglos brachten sie eine Odyssee abstammungsbiologischer und anthropologischer Gutachten hinter sich.[11]*

In dem Nachlass fand Treichel die **Gutachten** und ein Schreiben an die Stadtverwaltung, in dem der Vater die **Fluchterfahrungen** schilderte. Vor allem ein Satz darin wurde für ihn zur Schlüsselerfahrung: „Die Situationen, in die wir dann kamen, lassen sich im Einzelnen kaum schildern."[12] Für Treichel steht dieser Satz für die **Sprachlosigkeit der ganzen Kriegsgeneration** nach dem Zweiten Weltkrieg.

> „Die emotionale Abkapselung der Kriegsgeneration ist ausgiebig erforscht. [D]ie Unfähigkeit zu fragen und die Unfähigkeit zu reden [seien] zwei Seiten derselben Medaille. Viele Eltern erzählten nichts, um den Kindern grausame Dinge zu ersparen. Und umgekehrt fragten Kinder ihre Eltern nichts, weil sie das Gefühl hatten, sie müssten sie vor ihren Erinnerungen schützen. Die Psychiaterin Luise Reddemann leitet daraus die ‚sprichwörtliche **Sprachlosigkeit in deutschen Nachkriegsfamilien**' ab. […] Verdrängen wurde zur Überlebensstrategie."[13]

Dass seine Eltern ihm den Verlust des Bruders sowie ihre Suche nach ihm **zeitlebens verschwiegen** und den Bruder stattdessen für tot erklärt hatten, erzeugte bei ihm

> *ein Vakuum, eine Leerstelle. Diese fehlende Geschichte dann fiktional auszuerzählen, die Leerstelle zu füllen, das vertreibt den Phantomschmerz oder lindert ihn wenigstens.[14]*

Diese Äußerung ist ein deutlicher Hinweis darauf, dass man den **Ich-Erzähler** aus *Der Verlorene* **nicht mit dem Autor Treichel verwechseln** darf, auch wenn eindeutige Parallelen vorliegen.

3 Historischer Hintergrund der Erzählung

Rakowiec, ein kleiner Weiler, wo sich der Bauernhof der Eltern des Ich-Erzählers befand, liegt ca. 100 km westlich von Warschau und 60 km nördlich von Lodz im sogenannten Wartheland. Die einheimische Bevölkerung wurde teilweise von den Nazis vertrieben und durch Deutschstämmige ersetzt.

> Der **Reichsgau Wartheland bzw. Warthegau** wurde 1939 völkerrechtswidrig vom Deutschen Reich annektiert. Es umfasste 45 000 km². 4,5 Mio. Menschen (darunter 327 000 Deutsche) lebten in diesem Gebiet.

Auf diese Weise ist auch der Vater des Autors zu einem Bauernhof in Rakowiec gekommen. Treichel schreibt über die dortigen **NS-Verbrechen:**

In der Zeit von November 1939 bis März 1941 wurden nach zeitgenössischen Angaben insgesamt zweihundertachtzigtausend Personen aus dem Warthegau in das Generalgouvernement [besetzte Gebiete Polens] zwangsumgesiedelt. Dort sollten sie nicht etwa eine neue Existenz gründen, sondern durch Zwangsarbeit vernichtet oder die Limitierung der Ernährung auf 600 Kalorien am Tag dem Verhungern ausgeliefert werden.[15]

Im Januar 1945 begann die Winteroffensive der Roten Armee. Sie durchbrach sehr schnell die schwachen deutschen Verteidigungslinien an der Grenze zu Ostpreußen.

> Mit ihrer **Winteroffensive** war die **Rote Armee** (2,2 Mio. Soldaten, 35 000 Geschütze, 4 500 Panzer) der deutschen Wehrmacht weit überlegen. Ziele des Angriffs waren Königsberg, Breslau und Frankfurt an der Oder.

Fast **2,5 Mio. Menschen** versuchten zu fliehen. Viele Trecks gerieten zwischen die Fronten und waren den gewaltsamen Übergriffen der russischen Soldaten ausgeliefert. Angestachelt durch die sowjetische Kriegspropaganda übten sie Vergeltung für die grausame Vernichtungspolitik des NS-Regimes. Zwischen 400 000 und 2 Mio. Menschen starben auf der Flucht.[16] Sie verhungerten, erfroren oder wurden von Soldaten erschossen. Unzählige **Familien** wurden dabei **auseinandergerissen** und waren in der Folge auf der Suche nach ihren Angehörigen.

Plakat des Kindersuchdienstes des Deutschen Roten Kreuzes

Das Rote Kreuz hat seit 1945 ca. 500 000 Kinderschicksale geklärt. Von den **33 000 Findelkindern**, die auf der Flucht verloren gingen und die zu jung waren, um ihren Namen zu kennen, konnte **von nur 400 die Herkunft nicht bestimmt** werden.

Man schätzt, dass während des Vormarschs der Roten Armee 2 bis 2,5 Mio. Frauen und Mädchen auf der Flucht vergewaltigt wurden.[17] Mit den psychischen Folgen wurden sie alleingelassen, es gab damals **keine therapeutische Hilfe** für sie. Im Gegenteil: Das Thema wurde bis in die 1990er-Jahre verschwiegen, weil man sich nicht dem **Vorwurf** aussetzen wollte, **durch eine Thematisierung des Leids von Deutschen den Holocaust und das Leid der Opfer des NS-Regimes zu relativieren.**

Inzwischen wird Vergewaltigung nicht mehr als ein Kollateralschaden des Krieges angesehen. Der Internationale Gerichtshof in Den Haag klassifizierte **Vergewaltigung** in einem Urteil von 2001 **als Verbrechen gegen die Menschlichkeit** und verhängte gegen die Angeklagten aus den Jugoslawienkriegen Haftstrafen zwischen 12 und 25 Jahren. 2008 wurde im Sicherheitsrat der UNO die Resolution 1820 verabschiedet. Darin wird die **gezielte Vergewaltigung als Kriegsverbrechen** eingestuft. Zehn Jahre später bekam die Jesidin Nadia Murad den Friedensnobelpreis. Sie war wochenlang in IS-Gefangenschaft vergewaltigt worden und hatte nach ihrer Flucht den Mut, die Verbrechen an unzähligen jungen Mädchen öffentlich zu machen.

Etwa **12 Mio. Menschen** suchten nach dem Zweiten Weltkrieg eine neue Heimat. Bei der Volkszählung 1950 lebten 8 Mio. davon in der BRD und 4 Mio. in der DDR. Allein in Mecklenburg-Vorpommern stieg die Bevölkerungszahl fast um die Hälfte an.

Flüchtlinge, Vertriebene und Umsiedler von 1944 bis 1948

Gern gesehen waren die Flüchtlinge in der neuen Heimat nicht, sie wurden als „Rucksackdeutsche" und als „Polacken" verunglimpft, oft gab es **Auseinandersetzungen zwischen den Alteingesessenen und den Vertriebenen.** Die Ursache dafür lag wohl auch darin, dass die Bereitschaft gering war, „jenen, denen es noch schlechter ging, die Tür zu öffnen".[18] Auch hatten

zwölf Jahre nationalsozialistischer Propaganda Spuren hinterlassen. Die Menschen waren in der NS-Zeit immer wieder mit dem Negativbild vom slawischen Untermenschen vom Osten Europas als minderwertig konfrontiert worden. (Ebd.)

Diese **Vorstellungen** sind nach Kriegsende **nicht** einfach **verschwunden.** Die Eltern von Hans-Ulrich Treichel ließen sich in Ost-Westfalen nieder, wo der Vater sich eine neue Existenz aufbaute. Treichel schreibt über diese Zeit:

Doch nicht nur ich [...], auch meine Eltern blieben Fremde in diesem Ort, auch wenn sie es, obwohl sie aus dem Osten waren, im Lauf der Zeit [...] zu einem gewissen Wohlstand [...] gebracht hatten.[19]

Die Treichels wurden von den Einheimischen kritisch beäugt:

Denn wer aus dem Osten kam, der war in den Augen der Alteingesessenen ein minderwertiger und von seinem Grund und Boden völlig zu Recht vertriebener Mensch.[20]

Gruppe von Flüchtlingen in Ostpreußen im Frühjahr 1945

Inhaltsangabe

1 Der Inhalt in aller Kürze

Der „tote" Bruder im Fotoalbum (S. 7–12)	Im Fotoalbum der Familie gibt es ein Bild des älteren Bruders des Ich-Erzählers. Die Mutter betrachtet es häufig und bricht dann in Tränen aus. Sie erzählt dem jüngeren Sohn, Arnold sei auf der Flucht vor den Russen am Ende des Zweiten Weltkrieges verhungert.
Die Wahrheit über Arnold und das Auftauchen des Findelkindes 2307 (S. 12–73)	Der jüngere Bruder erfährt, dass Arnold nicht tot sei; er werde vermisst, da die Mutter ihn einer Frau in die Arme gedrückt habe, als sie von russischen Soldaten bedroht wurde. Seither sei er verschollen und die Eltern suchten nach ihm. Nun sei ein Findelkind aufgetaucht, das Ähnlichkeit mit dem Ich-Erzähler aufweise. Um die Verwandtschaft zu beweisen, werden verschiedene Tests durchgeführt. Ein Bildervergleich ergibt, dass eine Verwandtschaft unwahrscheinlich ist.
Weitere Untersuchungen und der Tod des Vaters (S. 73–138)	Während die Mutter zunehmend depressiv wird, kümmert sich der Vater um das Geschäft und wird erfolgreicher Fleischgroßhändler. Er erstreitet ein weiteres Gutachten am gerichtsanthropologischen Institut in Heidelberg. Als die Familie aus Heidelberg zurückkehrt, muss sie feststellen, dass im Kühlhaus eingebrochen wurde und ein Großteil der Ware verdorben ist. Der Vater erleidet einen Herzinfarkt und stirbt.
Trotz negativer Ergebnisse: Die Mutter will das Findelkind sehen. (S. 138–175)	Nach den Ergebnissen des Instituts ist eine Verwandtschaft mit dem Findelkind zu 99,73 % unwahrscheinlich. Auch eine Adoption ist nicht möglich. Über den Polizisten Rudolph erfährt die Mutter Namen und Wohnort des Jungen und wünscht sich, diesen wenigstens einmal sehen zu dürfen. Sie fahren in die Stadt, in der das Findelkind Heinrich als Fleischverkäufer arbeitet. Der Ich-Erzähler erkennt durch das Schaufenster sofort ein älteres Spiegelbild von sich und auch Heinrich erblasst, als er den Ich-Erzähler im Auto sieht. Doch die Mutter befiehlt, nach Hause zu fahren.

2 Ausführlicher Inhaltsüberblick

Das Fotoalbum (S. 7–12)

Die Erzählung spielt Mitte der 1950er- bis Anfang der 1960er-Jahre in einer Kleinstadt in Ostwestfalen und beginnt mit der **Beschreibung eines Bildes im Fotoalbum der Familie**. Es zeigt den damals ca. einjährigen Arnold, der auf einer Wolldecke sitzt und in die Kamera lacht. Arnold ist der ältere Bruder des namenlos bleibenden Ich-Erzählers, der zu Beginn der Handlung ca. fünf Jahre alt ist. Die Aufnahme wurde noch „zuhaus" (S. 7) im Osten gemacht, von wo die Familie in den letzten Tagen des Zweiten Weltkrieges fliehen musste. Der jüngere Bruder beneidet den glücklich erscheinenden Arnold um dieses Bild, da von ihm selbst **nur winzige Fotos im Album** existieren, auf denen er nur in kleinen Ausschnitten zu sehen ist. Außerdem macht es ihn missmutig, dass die Mutter immer in Tränen ausbricht, wenn sie das Bild von Arnold betrachtet. Eines Tages erfährt er, dass Arnold tot sei, „auf der Flucht vor dem Russen verhungert" (S. 11). Der Ich-Erzähler ist darüber nicht sehr traurig, der „wohlgeratene Arnold" (S. 11) wird ihm nun sogar sympathisch. Er ist auch ein wenig stolz darauf, einen toten Bruder zu haben, weil er sich damit von seinen Spielkameraden abhebt.

Die Wahrheit über Arnold (S. 12–16)

Einige Jahre später bittet die Mutter den Ich-Erzähler um eine „Aussprache"; er solle die Wahrheit erfahren. **Arnold** sei nicht tot, er werde **seit der Flucht vermisst**. Sie habe einer Frau das Kind in die Arme gelegt, als russische Soldaten sie und den Vater aus dem Flüchtlingstreck herausgegriffen hätten. Nicht einmal den Namen ihres Kindes habe sie der Frau in ihrer Todesangst sagen können. Danach hätten die Russen ihr „etwas Schreckliches" (S. 14) angetan, ihr aber das Leben gelassen. Sie mache sich nun Vorwürfe, ihr Kind voreilig weggegeben zu haben.

Schuld und Scham (S. 17–23)

Langsam begreift der Ich-Erzähler, dass er **seit jeher nur eine Nebenrolle in der Familie** spielt. Rückblickend schreibt er, dass er in „einer von **Schuld und Scham** vergifteten Atmosphäre aufgewachsen" (S. 17) sei. Vor allem die wöchentlichen Sonntagsspaziergänge auf dem immer gleichen Weg im Teutoburger Wald seien „wahre Schuld- und Schamprozessionen" (S. 19) gewesen. Mit der Zeit flüchtet er in eine **Reisekrankheit**, um diesen Ausflügen zu entkommen. Regelmäßig muss er sich übergeben – ob im Auto oder im Zug –, sodass die Eltern schließlich kapitulieren und er an Sonntagen zu Hause bleiben darf.

Radio und Fernsehen (S. 23–32)

Zu Hause versucht er sich abzulenken und verbringt die Zeit u. a. mit „exzessivem **Radiohören**" (S. 24). Bei der ständigen Sendersuche stößt er manchmal auf russische Stimmen, denen er begierig und auch ängstlich lauscht. Er hat das Gefühl, „daß der Russe von der **Schande** redete und dem Schrecklichen, das […] der Mutter widerfahren war" (S. 25). Während der Vater das Radiohören noch toleriert, erträgt er es nicht, wenn der Sohn fernsieht. Ständig erteilt er diesem **Arbeitsanweisungen**, um ihn vom TV-Gerät fernzuhalten. Auch für Hilde, die bigotte Schwester des Vaters, die häufig zu Gast ist, ist das **Fernsehen Teufelszeug**. Nur mit der Mutter kann er fernsehen, allerdings nur so lange, bis es auf dem Bildschirm zu Intimitäten kommt. Denn selbst harmlose Kussszenen lösen bei beiden **Verlegenheit** und Scham aus, und oft schaltet die Mutter daraufhin das Gerät aus.

Aufstieg des Vaters (S. 32–38)

Der Vater des Ich-Erzählers kümmert sich ausschließlich um das Geschäft. Er hat zuerst eine Leihbücherei betrieben und ist dann Lebensmittelhändler geworden. Doch das genügt ihm nicht. Er macht eine Fortbildung zum Großhandelskaufmann und wird **Großhändler für Fleisch- und Wurstwaren.** Da er die Sorgen der Einzelhändler kennt und diese ihm vertrauen – er ist schließlich einer der Ihren gewesen –, wächst sein Unternehmen schnell.

Das Schweinekopfessen (S. 38–45)

Zweimal im Jahr gibt es in der Familie ein Schweinekopfessen. Für den Vater, der aus einer bäuerlichen Familie stammt, sind dies Festtage, zu denen er auch Bekannte aus dem Osten einlädt. Der Ich-Erzähler, den es zwar vor dem Verzehr von Schweinehirn und Blutsuppe ekelt, genießt diese Essen trotzdem, da die **Stimmung in der Familie sonst nie so fröhlich und ausgelassen** ist. **Nur die Mutter wirkt bedrückt** und in sich gekehrt, „als büße sie das gute Essen und das Gelächter mit einem Schweigegelübde ab" (S. 45). Auch der Vater und die Gäste verstummen schließlich.

Der verborgene Raum (S. 45–48)

Während die Mutter im Laufe der Zeit immer mehr verstummt, flüchtet sich der Vater in Aktivitäten. Er saniert das Haus von Grund auf. Das **Elternhaus,** das für den Ich-Erzähler ein „Kindheitslabyrinth" (S. 46) gewesen ist, wird **begradigt und entkernt.** Dabei verschwindet auch der **Zugang zu einem geheimnisvollen Raum,** der vom Dachboden bis ins Erdgeschoss reicht, und der nur über eine Falltür zu öffnen und mit einer Seilwinde zu betreten war. Nie hat der Ich-Erzähler sich getraut, nach diesem Raum zu fragen, er ist sich aber sicher, dass er noch immer existiert.

Das Findelkind 2307 (S. 48–55)

Nach dem Umbau des Hauses erleidet die Mutter einen **Zusammenbruch** und muss sich auf eine **Kur** begeben. Der wahre Grund dafür ist nach Aussage des Vaters jedoch, dass die Mutter nicht über den Verlust von Arnold hinwegkomme. Jetzt gebe es aber neue Hoffnung: Ein Findelkind mit der Nummer 2307 sei aufgetaucht und weise **große Ähnlichkeit mit dem jüngeren Bruder** auf. Er sei auch am selben Tag und im selben Treck verloren gegangen wie Arnold.

Die Trigeminusneuralgie (S. 55–58)

Diese Nachricht löst beim Ich-Erzähler **körperliche Symptome** aus. Er bekommt einen Magenkrampf und heftige Gesichtsschmerzen, die zu einem krampfartigen Grinsen führen. Dieses Grinsen erbittert den Vater, weil er glaubt, sein Sohn sei undankbar und wolle ihn und die Mutter verspotten. Da die Gesichtskrämpfe aber nicht aufhören, wird der Sohn zum Arzt geschickt, der eine Trigeminusneuralgie feststellt, die so gut wie **nicht zu behandeln** sei und deren Ursache man nicht kenne. Dem Erzähler ist die Ursache jedoch klar: Es hat mit dem Auftauchen des Findelkindes 2307 zu tun, das ihm „wie aus dem Gesicht geschnitten" (S. 55) sei.

Erste Tests (S. 58–62)

Da die Behörden von der Verwandtschaft des Findelkindes 2307 mit der Familie nicht überzeugt sind, werden erste Tests durchgeführt. Die Familienmitglieder müssen sich **Fingerabdrücke und Blut abnehmen** lassen. Das Ergebnis ist für die Eltern ernüchternd und für den Sohn verwirrend: Der Vergleich der Fingerbeeren ergibt, dass die Elternschaft für das Findelkind wenig wahrscheinlich ist, „aber nicht unwahrscheinlicher als auch für das eheliche Kind der Antragsteller" (S. 60). Der Ich-Erzähler **will** „aber **nicht unwahrscheinlich werden**" (S. 61). Zum Glück für ihn bestätigt der Blutvergleich, dass er sowohl „möglich als auch positiv wahrscheinlich" (S. 61 f.) das eheliche Kind der Eltern sei, während das Findelkind 2307 möglicherweise, „aber nicht positiv wahrscheinlich" (S. 62) zur Familie gehöre.

Mit sichtbarer Anspannung verfolgen die Eltern die Abnahme der Fingerabdrücke ihres jüngeren Sohnes (Verfilmung von Matti Geschonneck aus dem Jahr 2015).

Der Bildervergleich (S. 62–73)

Als Nächstes steht ein Bildervergleich an. Schweren Herzens löst die Mutter das Bild von Arnold aus dem Fotoalbum und der Ich-Erzähler wird bei einem Fotografen von allen Seiten abgelichtet. Zu seinem Leidwesen muss er sich zuvor nahezu kahl scheren lassen, damit seine Ohren gut zu erkennen sind. Da Arnold auf dem Familienfoto jedoch ein Wollmützchen trägt und seine Ohren kaum sichtbar sind, stellt sich ein **Vergleich als sehr schwierig** heraus, was den Ich-Erzähler mit einer gewissen **Schadenfreude** erfüllt. Die Eltern sind geschockt, da der Schluss des Gutachtens lautet: Die „Identität des gesuchten Kindes Arnold mit dem Findelkind 2307 [ist] ‚**in hohem Maße unwahrscheinlich**'" (S. 72 f.).

Das Kühlhaus (S. 73–79)

Während für den Ich-Erzähler Arnold damit „ein weiteres Mal gestorben" ist (S. 73), **herrscht bei den Eltern Verzweiflung**. Vor allem die Mutter bricht häufig in Tränen aus und starrt vor sich hin. In ihrer Verzweiflung presst sie ihren jüngeren Sohn immer wieder an sich, was diesem aber sehr unangenehm ist. Auch gibt es nun öfter **Streit zwischen den Ehepartnern** und der Vater flüchtet sich verstärkt in geschäftliche Aktivitäten. Um sich einen Vorsprung vor der Konkurrenz zu sichern, werden die **Nebengebäude des Wohnhauses abgerissen**, sodass Platz für ein Kühlhaus entsteht. Das **Geschäft floriert** und es werden Lieferwagen gekauft und Fahrer eingestellt.

Die Mutter verbrennt Geld (S. 79–86)

Nach den Umbaumaßnahmen erleidet die Mutter einen **Schwächeanfall** und muss mit einer Schädelfraktur in die Klinik. Auch dort denkt sie nur an die Vergangenheit und wird zunehmend depressiv. Der Vater versucht, sie aufmuntern, indem er ihr erzählt, er habe einen Opel Admiral gekauft. Diesen will er bar bezahlen und deponiert das Geld in einem Zigarrenkästchen in der Küche. Die Mutter, die **kein neues Auto, sondern ihr verlorenes Kind will**, wirft das Kästchen mit dem Geld in den Küchenherd. Mit einer Zange kann der Vater einen Teil des Geldes retten. Er erkennt, dass er der Mutter helfen muss, und erstreitet mithilfe eines Anwalts das Recht, ein „**anthropologisch-erbbiologisches Abstammungsgutachten**" (S. 82 f.) anfertigen zu lassen. Der Zustand der Mutter bessert sich daraufhin.

Am gerichtsanthropologischen Institut in Heidelberg (S. 86–97)

Die ersten Untersuchungen – die Abnahme der Fußabdrücke und die Bestimmung der Körperbaumerkmale am gerichtsanthropologischen Institut in Heidelberg – nimmt eine Laborantin vor. Der Ich-Erzähler hat die **Reise nur widerwillig mitge-**

macht, weil er sein Leben nicht mit Arnold teilen will. Und so weist er die Laborantin nicht auf die unterschiedlich geformten Füße des Vaters hin, denn das würde seiner Ansicht nach nur die Wahrscheinlichkeit einer Verwandtschaft erhöhen.

Mittagessen mit dem Fahrer des Leichenwagens (S. 97–107)

Das Mittagessen nimmt die Familie in der Kantine des Instituts ein, wo sie sich an einen Tisch setzt, an dem schon der Fahrer eines Leichenwagens Platz genommen hat. Dieser Mann erweist sich als **äußerst redselig** und klärt die Familie über die Vorzüge der verschiedenen Kantinen und über die Leistungsfähigkeit der neuen Verbrennungsöfen im Krematorium in Heidelberg auf. Der Ich-Erzähler betrachtet den Leichenwagenfahrer aufmerksam und kommt zu dem Schluss, dass dieser **Angst vor dem Tod** habe.

Die Untersuchungen des Professors Freiherr von Liebstedt (S. 107–118)

Der Vater ist vor der Untersuchung nervös, da ihn der Adelstitel des Arztes beeindruckt. Er entspannt sich erst, als sich herausstellt, dass der Professor mütterlicherseits auch aus Rakowiec stammt. Beiden gemeinsam sind auch die **Vorurteile gegenüber Polen und Russen**. Der Professor untersucht zuerst die Schädelformen der Eltern, während der Ich-Erzähler die Laborantin bei der Auswertung der Fußabdrücke beobachtet. Als sein Kopf ausführlich von dem Professor abgetastet wird, schämt er sich seiner Schädelhöcker und -erhebungen, deren Existenz ihm vorher überhaupt nicht bewusst war. Der Schädel und der Kiefer werden mittels Zangen vermessen, danach die „Stirnbreite, Jochbeinbreite, Ohrbreite und Nasenbreite" (S. 116) bestimmt. Als er sich später bei den Eltern über die **schmerzhafte Prozedur** beschwert, reagieren diese darauf nicht.

Stadtbesichtigung und erste Ergebnisse (S. 118–127)

Den Rest des Tages verbringt die Familie mit einer Besichtigung Heidelbergs. Dabei beobachtet der Sohn, wie der Vater seinen Arm um die Schultern der Mutter legt und diese die **Zärtlichkeit** erwidert. Noch nie hat der Ich-Erzähler eine solche Geste bei seinen Eltern gesehen „und aus irgendeinem Grund machte [ihn] das traurig" (S. 119). Am nächsten Morgen erfahren sie die Ergebnisse der Fußuntersuchungen: Ausführlich referiert der Professor **in einer unverständlichen Fachterminologie**, sodass der Vater am Ende ratlos fragt, was das alles nun bedeute. Eine Verwandtschaft mit dem Findelkind sei „keinesfalls auszuschließen" (S. 125), allerdings lasse sich aus Fußuntersuchungen eine **Verwandtschaft** auch **nicht eindeutig beweisen**, so der Professor.

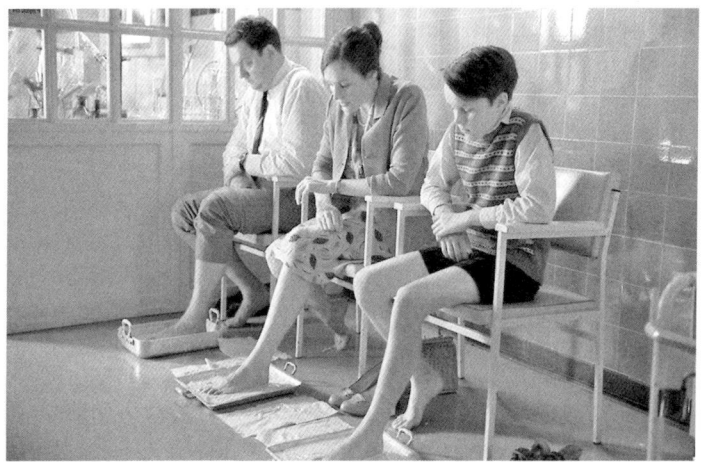

Vater, Mutter und Sohn bei der Abnahme der Fußabdrücke im Laboratorium in Heidelberg (Verfilmung von Matti Geschonneck aus dem Jahr 2015)

Einbruch im Kühlhaus und Tod des Vaters (S. 127–138)

Auf der Heimfahrt von Heidelberg – die einzige Reise, welche die Eltern jemals unternommen haben – ist der Vater **wegen**

der geringen Aussagekraft der Untersuchungen, die er nun für reine Geldverschwendung hält, **sehr wütend**. Er ist so erregt, dass er Brustschmerzen bekommt und die Mutter das Steuer übernehmen muss. Zu Hause erwartet sie der Revierpolizist Herr Rudolph. In ihrer Abwesenheit ist **in das Kühlhaus eingebrochen** worden und ein Großteil der Ware ist verdorben. Der Vater erbleicht, denn die Versicherung für das Kühlhaus ist noch nicht in Kraft getreten, da er diese aus Sparsamkeitsgründen erst ab dem nächsten Monat bezahlen wollte. Er erleidet zwei Herzinfarkte und **stirbt zwei Tage später**.

In der Schule schämt sich der Sohn, weil er eine schwarze **Armbinde** tragen muss. In der Friedhofskapelle sieht er den Vater ein letztes Mal und meint sogar, ihn unter dem Leichentuch atmen zu sehen. Bei der **Beerdigung** zwingt er sich, ein „guter und trauriger Sohn" (S. 138) zu sein, der unter dem Tod des Vaters leidet. Letztlich ist er aber nur froh, dass er nach der Beerdigung die schwarze Binde wieder abnehmen darf.

Schwierige Pubertät (S. 138–143)

In der Folgezeit übernimmt die Mutter das Geschäft des Vaters und wird bald **als strenge Chefin respektiert**. Aber nach Geschäftsschluss versinkt sie in eine **tiefe Traurigkeit** und nimmt ihre Umwelt und vor allem ihren jüngeren Sohn nicht mehr wahr. Dies ärgert den Erzähler und macht ihn **wütend auf die Mutter**, da er spürt, dass er ihr nicht genügen und ihr den verlorenen Sohn nicht ersetzen kann. Er wird das, „was man einen schwierigen Jungen nennt, undankbar, widerborstig und ständig gereizt" (S. 140). **Herr Rudolph**, der sich seit dem Tod des Vaters um die Mutter bemüht – er schenkt ihr Operettenplatten und hört diese mit ihr zusammen an –, kann zwischen den beiden vermitteln. Er unterstützt sie auch bei der Suche nach Arnold und mahnt über seine Dienststelle das immer noch ausstehende Gutachten aus Heidelberg an.

Ergebnis des anthropologisch-erbbiologischen Gutachtens (S. 143–153)

Nach wenigen Tagen trifft das Gutachten ein und wird von Herrn Rudolph vorgelesen. Es ist weitschweifig und erneut **in unverständlicher Fachsprache abgefasst**; die Mutter scheint es kaum mehr zur Kenntnis zu nehmen. Sie wird erst wieder aufmerksam, als Herr Rudolph zur zusammenfassenden Schlussbeurteilung kommt: Das „Findelkind 2307 [ist] ‚**mäßig unwahrscheinlich bis sehr unwahrscheinlich**' das Kind der Antragsteller" (S. 152), der Kopf- und Gesichtsumriss ähnle aber stark dem ehelichen Sohn. Der **Ich-Erzähler** ist daraufhin **beunruhigt**. Er fragt sich, ob er mit dem Findelkind verwandt ist, aber nicht mit den Eltern. Doch für die Mutter gibt es noch **Hoffnung**, denn der Abschlussbefund sei immer noch nicht endgültig: Der Professor verweist in seiner Schlussbemerkung auf ein noch ausstehendes biomathematisches Zusatzgutachten.

Ergebnis des biomathematischen Zusatzgutachtens (S. 153–157)

In diesem Gutachten werden für beide Eltern getrennte Aussagen über die Wahrscheinlichkeit ihrer Verwandtschaft mit dem Findelkind gemacht. Die Wahrscheinlichkeit, dass der jüngere Sohn mit dem Findelkind verwandt ist, wurde jedoch nicht berücksichtigt. Das wundert den Ich-Erzähler, schließlich hat er auch alle Untersuchungen über sich ergehen lassen. Der Vater stimme mit dem Findelkind nur bei zwei von zwölf Merkmalen überein, bei der Mutter seien es vier. Daraus leitet der Professor ab, dass mit „einer an Sicherheit grenzenden mindestens **99,73 %** oder 370:1 betragenden Wahrscheinlichkeit" (S. 156) die **Antragsteller nicht die Eltern des Findelkindes** seien. Doch die Mutter nimmt dieses Ergebnis nicht hin und lässt sich auch von Herrn Rudolph nicht trösten. Sie lasse sich ihr Kind nicht ein zweites Mal wegnehmen, so ihre Ankündigung.

Wunsch nach Adoption (S. 157–167)

Herr Rudolph weist die Mutter darauf hin, dass das **Verfahren nun abgeschlossen** sei und es keine rechtliche Möglichkeit mehr gebe, ein weiteres Gutachten einzufordern. Doch die Mutter klammert sich an die 0,27 %, die für eine hundertprozentige Wahrscheinlichkeit fehlen. Von Herrn Rudolph erfährt der Ich-Erzähler, dass die Mutter **das Findelkind**, wenn es schon nicht als ihr eigenes anerkannt werde, wenigstens **adoptieren wolle**. Sofort fragt sich der Ich-Erzähler, ob ein solches Adoptivkind die gleichen Rechte habe wie ein leibliches Kind. Dass ihn der Ältere quälen werde, steht für ihn ohne Zweifel fest. Er ist auch **gekränkt**, weil die Mutter nicht mit ihm über ihr Vorhaben gesprochen hat; schließlich sei er auch noch da, aber immer gehe es nur um den verlorenen Bruder. Zu seinem Glück und zum Unglück der Mutter stellt sich heraus, dass für das Findelkind schon ein Adoptionsantrag vorliegt, dem inzwischen sogar stattgegeben worden sei.

Das Findelkind wird besichtigt (S. 167–175)

Langsam findet sich die Mutter mit den Tatsachen ab. Einen Wunsch hat sie jedoch noch: Sie will das Findelkind „wenigstens ein einziges Mal sehen" (S. 167 f.). Über Herrn Rudolph bringt sie den **Namen** und die **Adresse** in Erfahrung. Das Findelkind heißt **Heinrich**, macht eine **Lehre in einer Metzgerei** und lebt in einer kleinen Stadt in der Nähe der Porta Westfalica.

Herr Rudolph fährt die Mutter und den Erzähler dorthin. Sofort macht sich beim Ich-Erzähler wieder die Trigeminusneuralgie bemerkbar und sein Gesicht verzieht sich zu einem bösartigen Grinsen, was Herrn Rudolph zu einer scharfen Rüge veranlasst. Als sie alleine sind, fragt der Sohn die Mutter, ob sie Herrn Rudolph, der ihm inzwischen unsympathisch geworden ist, heiraten wolle. Die Mutter gesteht, dass Herr Rudolph ihr einen **Heiratsantrag** gemacht habe, sie ihn aber nicht annehmen werde, obwohl sie es eigentlich wolle. Der Ich-Erzähler spürt, dass die Mutter Trost benötigt, fühlt sich aber **nicht in der Lage dazu, sie zu trösten**. Soll doch Arnold bzw. Heinrich sie trösten, denkt er und verspürt wieder Schuld und Scham.

Als sie in dem Städtchen ankommen, parkt Herr Rudolph den Wagen zunächst in einer Seitenstraße und macht sich allein auf den Weg zur Metzgerei. Er berichtet, dass Heinrich im Laden sei, doch die Mutter möchte plötzlich zurückfahren. Herr Rudolph will der Mutter jedoch ihren ursprünglichen Wunsch erfüllen und **rollt mit dem Wagen langsam vor das Geschäft**. Durch die Schaufensterscheibe sieht der Ich-Erzähler das Findelkind und erschrickt, denn er sieht **sein „eigenes, nur um einige Jahre älteres Spiegelbild"** (S. 174). Auch Heinrich erblasst, als er seine Ähnlichkeit mit dem Jungen im Auto bemerkt. Doch die Mutter gibt den Befehl: „Mach das Fenster zu. Wir fahren." (S. 175)

Der vierte Stuhl bleibt symbolisch leer, der Ich-Erzähler (Thomas Schweiberer) steht weiterhin abseits der Eltern (Rosalinde Renn, Erich Ludwig). Inszenierung von *Der Verlorene* in den Sophiensaelen Berlin 2003 (Regie: Boris von Poser)

Textanalyse und Interpretation

1 Aufbau und Textstruktur

Äußere Struktur

Die Erzählung ist **nicht in Kapitel**, sondern **in nur vier unterschiedlich lange Absätze** unterteilt. Der **erste Absatz** umfasst gerade einmal fünf Seiten (S. 7–12): Dort wird das einzige Bild des angeblich toten Bruders mit den Fotos verglichen, die vom Ich-Erzähler existieren. Der **zweite Absatz** ist wesentlich länger (S. 12–73), in ihm wird die Wahrheit über den verlorenen Bruder und die Suche nach ihm erzählt. Er endet mit den Ergebnissen der ersten Untersuchungen über die Verwandtschaft des aufgetauchten Findelkindes mit dem Ich-Erzähler. Der **dritte Absatz** ist mit 65 Seiten (S. 73–138) ähnlich lang wie der zweite und enthält hauptsächlich die Reise nach Heidelberg mit den Tests am gerichtsanthropologischen Institut. Der Tod des Vaters steht am Ende dieses Absatzes. Der **letzte, vierte Absatz** erzählt auf 37 Seiten (S. 138–175) die negativen Ergebnisse der Untersuchungen und die Autofahrt zu dem Findelkind.

Am Anfang und am Ende der Erzählung steht der **Blick des Ich-Erzählers auf seinen Bruder** bzw. seinen vermeintlichen Bruder, was der Erzählung einen gewissen **Rahmen** verleiht: zu Beginn auf das Kindheitsfoto Arnolds, am Ende durch das Schaufenster der Metzgerei auf seinen inzwischen erwachsen gewordenen mutmaßlichen Bruder.

Das weitgehend **absatzlose Schreiben**, das übrigens auch in anderen Werken von Treichel auffällt, spiegelt nach Aussage des Autors den Schreibvorgang wider und sei „Anzeichen für eine gewisse **innere Insistenz beim Schreiben**".[21] Es lässt sich also an diesem Aufbau Treichels Schreibprozess nachvollziehen, denn er bildet die **Beharrlichkeit** ab, mit der der Autor die einzelnen Teile erstellt hat. So wie der Autor sich anscheinend ohne Pause seine schmerzhafte Geschichte „vom Leib" schreibt, so wird der Leser dazu gebracht, dem **Gedanken- und Erinnerungsstrom des Erzählers ununterbrochen** zu **folgen.**

Innere Struktur: Zeit

Die Geschichte der Familie des Ich-Erzählers in den **1950er-** und zu Beginn der **1960er-Jahre** wird **linear und einsträngig erzählt.** Der Erzähler verzichtet auf genaue Jahresangaben oder den Bezug auf historische Ereignisse. Eine grobe zeitliche Orientierung ist anhand der Automobile des Vaters möglich. Nur der Tag, an dem die Mutter ihr Kind weggegeben hat, „nämlich der 20. Januar 1945" (S. 53), wird explizit genannt. Dieses Datum ist die einschneidende **Zäsur in der Familienhistorie,** eine Art Ur-Katastrophe, die das Familienleben in ein Davor und ein Danach teilt. Die Flucht der Eltern aus Polen, von der der jüngere Sohn nach und nach erfährt, ist eine Art **Rückblende,** sodass die **erzählte Zeit** ca. 20 Jahre umfasst. Die **Erzählzeit** beträgt 175 Seiten bzw. ca. vier Stunden.

Mit einer Ausnahme verwendet der Autor den **zeitraffenden Erzählbericht.** Nur im Kontext der Untersuchung in Heidelberg findet man einen Dialog und damit die **einzige szenische Darstellung,** wodurch die Bedeutung dieser Textstelle hervorgehoben wird. Auf die Frage des Vaters („Herr Freiherr[,] was heißt das nun?", S. 125) antwortet der Professor, es „läßt sich aus den Fußuntersuchungen eine Verwandtschaft […] nicht eindeutig ableiten" (ebd.). Das lapidare Fazit des Professors – „Unentschieden sozusagen" (S. 126) – macht den Vater so wütend, dass er auf der Heimfahrt Herzprobleme bekommt, die zu seinem Tod führen. Ansonsten werden die **Gespräche gerafft in der distanzierenden indirekten Rede** wiedergegeben.

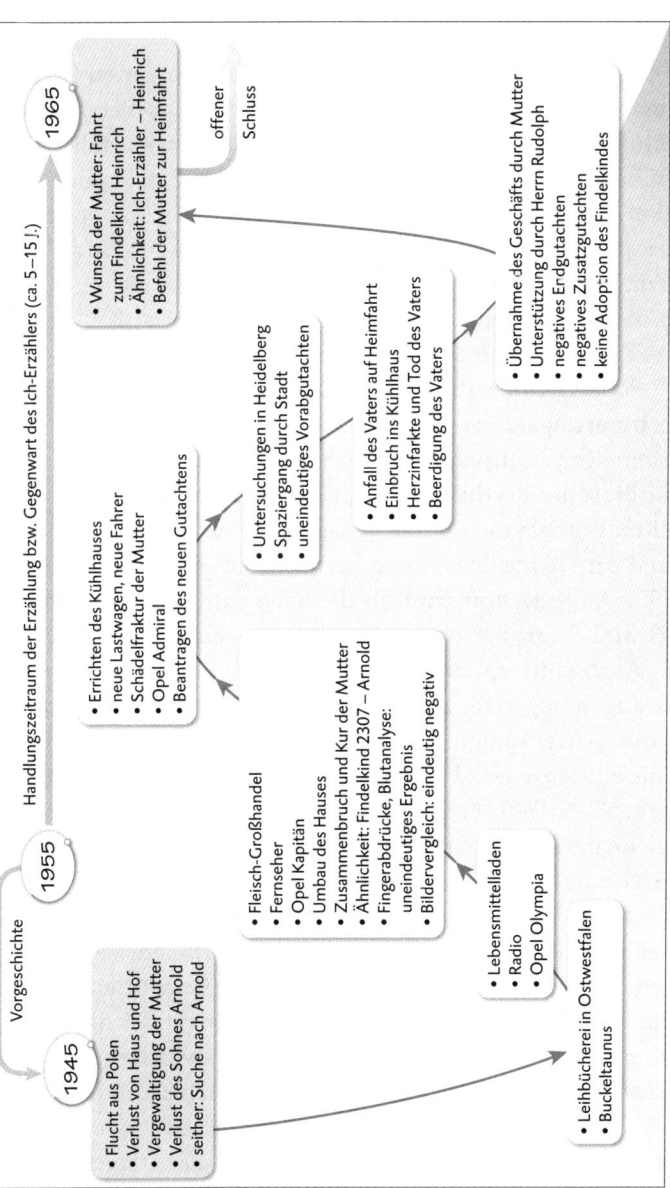

Handlungszeitraum der Erzählung bzw. Gegenwart des Ich-Erzählers (ca. 5–15 J.)

Vorgeschichte

1945
- Flucht aus Polen
- Verlust von Haus und Hof
- Vergewaltigung der Mutter
- Verlust des Sohnes Arnold
- seither: Suche nach Arnold

- Leihbücherei in Ostwestfalen
- Buckeltaunus

1955
- Lebensmittelladen
- Radio
- Opel Olympia

- Fleisch-Großhandel
- Fernseher
- Opel Kapitän
- Umbau des Hauses
- Zusammenbruch und Kur der Mutter
- Ähnlichkeit: Findelkind 2307 – Arnold
- Fingerabdrücke, Blutanalyse: uneindeutiges Ergebnis
- Bildervergleich: eindeutig negativ

- Errichten des Kühlhauses
- neue Lastwagen, neue Fahrer
- Schädelfraktur der Mutter
- Opel Admiral
- Beantragen des neuen Gutachtens

- Untersuchungen in Heidelberg
- Spaziergang durch Stadt
- uneindeutiges Vorabgutachten

- Anfall des Vaters auf Heimfahrt
- Einbruch ins Kühlhaus
- Herzinfarkte und Tod des Vaters
- Beerdigung des Vaters

- Übernahme des Geschäfts durch Mutter
- Unterstützung durch Herrn Rudolph
- negatives Erdgutachten
- negatives Zusatzgutachten
- keine Adoption des Findelkindes

1965
- Wunsch der Mutter: Fahrt zum Findelkind Heinrich
- Ähnlichkeit: Ich-Erzähler – Heinrich
- Befehl der Mutter zur Heimfahrt

offener Schluss

Innere Struktur: Raum

Die Erzählung spielt **hauptsächlich in geschlossenen Räumen** und hier vor allem im **Elternhaus** des Ich-Erzählers, das ausführlich geschildert wird: Es ist ein altes Fachwerkhaus, das früher als Poststelle des Ortes fungiert hat. Dazu gehören ein alter Pferdestall, ein Waschhaus und ein Geräteschuppen, über dem sich ein Taubenschlag befindet. „Polenwirtschaft" (S. 76) nennt der Vater abwertend diese Nebengebäude, die ihn an seine bäuerliche Vergangenheit erinnern und die er später abreißen lässt, um ein Kühlhaus errichten zu lassen.

Für den Ich-Erzähler zählt es „**zu den schönsten Kindheitserinnerungen**" (S. 23), nicht mehr mit an den verhassten Sonntagsspaziergängen teilnehmen zu müssen, sondern **allein in diesem verwinkelten Haus** bleiben zu dürfen. Es ist sein „Kindheitslabyrinth" (S. 47), das er mit Vergnügen durchstreift, und der Dachboden ist sein „Zauberwald" und sein „Angstort" (S. 46), der zerstört wird, als der Vater das Haus umbauen lässt. Es wird „begradigt, entkernt und ausgeleuchtet" (S. 47).

Auch Jahre später noch wäre der Ich-Erzähler – zum **Verdrängen negativer Emotionen** – gerne durch „das verwinkelte Haus geirrt, konnte aber nur die gefliese Treppe hinauf- und hinablaufen oder aber auf den Hof und hinter das Kühlhaus gehen" (S. 160). Er findet auch den verborgenen Raum nicht mehr, der symbolisch für die Vorgeschichte der Familie steht.

Gerade also in den unsicheren Zeiten, in denen der Ich-Erzähler sich **durch Arnold in seiner Identität bedroht** fühlt, sehnt er sich nach dem Halt, den ihm das frühere Haus vermittelt hat. Der Aufenthalt im Elternhaus, das Durchstreifen der darin enthaltenen Räume und ganz allgemein räumliche Veränderungen haben demnach unmittelbare **Auswirkungen auf die jeweilige Befindlichkeit des sensiblen Ich-Erzählers**.

Ebenfalls geschlossene Räume sind die verschiedenen **Fahrzeuge**, in denen sich der Ich-Erzähler meist erbrechen muss.

Landschaftsbeschreibungen sind in der Erzählung **fast nicht vorhanden**. Im Zusammenhang mit den Spaziergängen zum Bismarckturm im Teutoburger Wald erfährt der Leser nur etwas von den Schuld- und Schamgefühlen des Protagonisten (vgl. S. 18 ff.). Die **innere Handlung** – also die Gefühle und Gedanken des Ich-Erzählers – steht in *Der Verlorene* stets klar **im Vordergrund**.

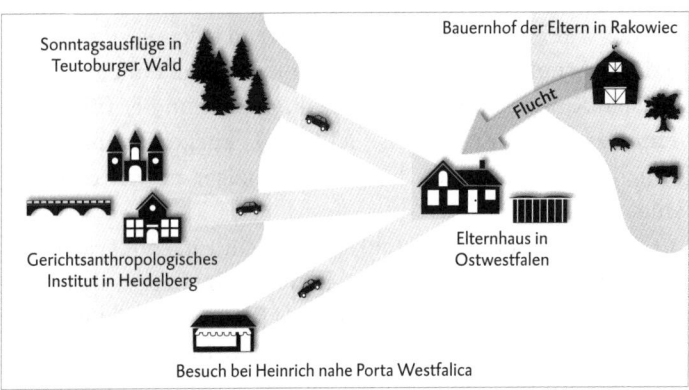

Sonntagsausflüge in Teutoburger Wald

Bauernhof der Eltern in Rakowiec

Flucht

Gerichtsanthropologisches Institut in Heidelberg

Elternhaus in Ostwestfalen

Besuch bei Heinrich nahe Porta Westfalica

Literarische Form: Erzählung

Der Verlorene trägt **keine Gattungsbezeichnung im Titel**. In Rezensionen und in der Sekundärliteratur ist zum Teil von einem Roman, manchmal auch von einer Novelle die Rede. Am ehesten trifft aber die Gattung **Erzählung** zu, da die einsträngig erzählte Geschichte **nicht wie ein Roman mehrere Handlungsstränge verknüpft** und im Unterschied zur Novelle, der sie vom Umfang her entspricht, **nicht die Konzentration auf „eine sich ereignete unerhörte Begebenheit"**[22] aufweist. Die Situation, in der die Mutter ihr Kind weggegeben hat, ließe sich natürlich als eine solche „unerhörte Begebenheit" interpretieren. Sie findet jedoch vor der eigentlichen Handlung statt und kann von dem Ich-Erzähler auch nicht ausführlich geschildert werden, da sie sich vor seiner Geburt zugetragen hat.

2 Figuren

Der Ich-Erzähler

Zu Beginn der Geschichte ist der **durchgängig namenlos blei-bende Ich-Erzähler** ca. fünf Jahre alt, als er erfährt, dass er einen älteren Bruder namens Arnold hat, der auf der Flucht aus dem Osten gestorben sei. Der Jüngere **beneidet den älteren Bruder** um seinen zentralen Platz im Fotoalbum, während von ihm nur winzige Fotos existieren, auf denen er kaum zu erkennen ist. Dass Arnold tot sein soll, ist ihm nicht ganz unlieb, denn er will sein Kinderzimmer nicht mit ihm teilen und er **fühlt sich seinetwegen** sogar „**vom Schicksal ausgezeichnet.** Von [seinen] Spielkameraden hatte kein einziger einen toten [...] Bruder" (S. 11 f.).

Über die Nachricht, Arnold sei gar nicht tot, sondern auf der Flucht verloren gegangen, kann er sich nicht freuen, da er nun ahnt, dass ihm in der Familie nur eine Nebenrolle bleibt und sich alles um den älteren Bruder dreht. Die **Bedrohung** wird für ihn noch größer, als tatsächlich ein Findelkind auftaucht, das ihm „wie aus dem Gesicht geschnitten" (S. 55) sei. Diese bildhafte Redewendung nimmt er wörtlich, sein Körper reagiert mit einer schmerzhaften Trigeminusneuralgie, „wobei sich die Schnitte auch in Stromschläge und Schmerzblitze verwandeln konnten" (S. 56). Auch auf die sonntäglichen „Schuld- und Schamprozessionen" (S. 19) erfolgt eine **psychosomatische Reaktion:** Ihm wird beim Wandern schwindlig und bei den Auto- und Zugfahrten muss er sich erbrechen. Je größer die **Autos des Vaters** werden, umso stärker tritt diese Krankheit zutage.

> **Psychosomatik:** Der Begriff stammt aus dem Griechischen: „Psyche" bedeutet „Seele, Atem, Hauch"; „soma" ist „der Körper". Schon in der griechischen Antike wusste man, dass Seele und Körper miteinander verbunden sind und die Psyche häufig am Entstehen körperlicher Leiden beteiligt ist – gerade wenn sich keine organische Ursache finden lässt.

Geschäft des Vaters	Auto des Vaters	Wirkung auf den Ich-Erzähler
Der Vater betreibt eine Leihbücherei.	Ford Buckeltaunus	„Der alte Ford war das einzige Gefährt meiner Kindheit, in dem mir nicht schlecht wurde." (S. 21)
Der Vater führt ein Lebensmittelgeschäft.	Opel Olympia	„Im Opel Olympia hatte ich mich nicht regelmäßig, aber doch häufig erbrochen." (S. 21)
Der Vater wird Fleischgroßhändler.	Opel Kapitän	„Wogegen ich mich in der schwarzen Limousine regelmäßig erbrach." (S. 21 f.)
Der Vater baut sein eigenes Kühlhaus, kauft Lieferwagen und stellt Fahrer ein.	Opel Admiral	„Schon der kürzeste Aufenthalt im Admiral bereitete mir Übelkeit [...]." (S. 84)

Besonders heftig sind die körperlichen Reaktionen des Erzählers, als er seine Eltern zum gerichtsanthropologischen Institut nach Heidelberg begleiten muss. Sofort melden sich wieder seine Reisekrankheit und die Trigeminusneuralgie. Sein **Körper wehrt sich vehement gegen die weiteren Untersuchungen** und er lässt die Vermessung seiner Füße, seines Bauchfettes, seines Schädels und die Bestimmung der Kieferwinkelbreite nur **unwillig und schamvoll** über sich ergehen.

Weit existenzieller als diese psychosomatische Problematik ist jedoch die **Verunsicherung seiner Identität**. Er wird sich selbst „immer unähnlicher" (S. 57 f.). Wie schon auf den Bildern im Fotoalbum existiert er bei den medizinischen Untersuchungen nur **fragmentarisch**; er besteht scheinbar nur als Ansammlung von Körperteilen und nicht als ganzer Mensch mit Gefühlen und Ängsten. Dass die anderen Figuren den Ich-Erzähler nicht bei seinem Namen nennen bzw. der Ich-Erzähler selbst seinen Namen nicht preisgibt, ist ein weiteres **Indiz für seine existenzielle Verunsicherung**. Der Vorname eines Menschen ist eigentlich ein klassischer (wenn auch äußerlicher) **Marker von Individualität**. Der Ich-Erzähler weiß zunehmend nicht mehr, wer er ist, und bleibt wohl auch deshalb namenlos.

Besonders prekär ist seine Identität als Kind seiner Eltern. Dass seine eigenen Fingerabdrücke genauso wenig auf eine Verwandtschaft mit den Eltern hindeuten wie die des Findelkindes, bestärkt ihn in dem Gedanken, selbst ebenso unwahrscheinlich der Sohn seiner Eltern zu sein wie Arnold. Die **fragile Elternbindung** wird besonders deutlich, wenn der Ich-Erzähler befürchtet, **ebenfalls ein verloren gegangener Sohn** zu sein.

Dann wäre auch ich eine Art Findelkind, vielleicht sogar ein Russenkind. Dann hätten die Eltern keine Kinder mehr, und ich hätte einen elternlosen Bruder, mit dem ich ein wahrscheinlich äußerst enges Zimmer im Heim teilen mußte. (S. 151)

Es gibt für ihn **keine gefühlsmäßig stabile Bindung zwischen ihm und den Eltern**, die ihm seine Identität als deren Kind garantieren könnte. Deshalb ist für ihn seine Kindschaft gegenüber den Eltern genauso fraglich wie die Arnolds.

Gerade weil er sich seiner Identität als Kind seiner Eltern so unsicher ist, freut er sich über jedes Hindernis, das den Nachweis von Arnolds Verwandtschaft erschwert, und über jedes Indiz, das sie unwahrscheinlicher erscheinen lässt. Mit **Schadenfreude** nimmt er z. B. zur Kenntnis, dass ein Ohrenvergleich nur bedingt möglich ist, weil auf Arnolds Foto dessen Ohren nicht zu sehen sind. Eine Verwandtschaft mit dem Findelkind sei „in hohem Maße unwahrscheinlich" (S. 73).

Einmal versucht er sogar aktiv, **Arnold ein Schnippchen zu schlagen**, indem er die Laborantin nicht auf die ungleichen Füße des Vaters hinweist. Er hofft, damit die Chancen des Findelkindes, sein Bruder zu sein, zu verringern. Seine Gedanken über die Untersuchungsergebnisse, die ihn als „aufgewecktes Kerlchen" (S. 114) zeigen, das sich **im Unterschied zu seinen Eltern** die richtigen Fragen stellt, behält er für sich. Er wundert sich darüber, wieso er im biomathematischen Zusatzgutachten überhaupt keine Rolle spielt, und fragt sich, ob „der Professor nicht auch den Vater und die Mutter unter der Voraussetzung mit dem Findelkind 2307 vergleichen [hätte] müssen, daß auch der Bruder [also der Ich-Erzähler] sicher zum Kinde gehört?" (S. 154). **Er äußert diese Bedenken jedoch nicht laut.** Er will nicht, dass seinen Einwänden nachgegangen wird, da er diesen Arnold auf keinen Fall als Bruder haben will.

Seine **Aggressionen gegen Arnold** gehen so weit, dass er sich wünscht, jener wäre auf der Flucht verhungert oder ein Dritter Weltkrieg würde ausbrechen, um „ihn doch noch verhungern zu lassen" (S. 58). Immer wieder stellt er sich vor, welche **Nachteile** ein Bruder für ihn hätte. Denn dass ein älterer Bruder ihn nur quälen würde, ist für ihn eine Tatsache (vgl. S. 164 f.). Da der Erzähler selbst **nie Empathie gespürt** hat, fällt es ihm schwer, Mitgefühl für seinen älteren Bruder zu entwickeln. Aufgrund seiner **emotionalen Vernachlässigung**, aufgrund des Grolls gegenüber den Eltern und aufgrund der eigenen krisenhaften Psyche kann er keine Emotionen zeigen. Das wird vor allem an seiner Beziehung zu seinen Eltern sichtbar, an deren Kummer er so wenig Anteil nimmt wie sie an seinem.

Das **distanzierte Verhältnis zu seinem Vater** wird besonders deutlich, als dieser stirbt. Den Tod des Vaters nimmt er **sehr gefasst** auf, da er nie ein vertrautes Verhältnis zu ihm entwickeln konnte. Die **Kommunikation mit ihm** – wenn sie überhaupt stattgefunden hat – verlief **immer einseitig** (vgl. S. 12).

Der Ich-Erzähler **bemüht** sich zwar, ein **guter Sohn zu sein**, und beginnt, in der Bibel Stellen über den Tod zu suchen, doch es gelingt ihm nicht, sich ernsthaft mit dem Tod des Vaters auseinanderzusetzen: „Am meisten interessierte mich das Tote Meer" (S. 132). Er stellt sich vor, auf dem „dunkelgrünen Wasser" zu liegen, sich von den Wellen tragen zu lassen und hat „ein warmes Gefühl in den Adern" (S. 133). Statt zu trauern, sehnt er sich also nach **Ruhe und Geborgenheit**. Auch bei der Beerdigung selbst will er ein „guter und trauriger Sohn" sein, der „unter dem Tod des Vaters [leidet]" (S. 138), aber er spürt **kein Leid**. Er ist nur froh, dass er, sobald der Sarg unter der Erde ist, die schwarze Armbinde abnehmen darf.

Dem Ich-Erzähler ist es auch **nicht möglich, die Mutter** nach dem Tod des Vaters **zu trösten**. Im Gegenteil: Die trauernde Mutter macht ihn böse und ärgert ihn. Er spürt, dass sie in ihm etwas anderes sieht und er ihr nicht genügt: „Ich erinnerte sie an den Vater. Und ich erinnerte sie auch an Arnold. Aber ich konnte ihr Arnold nicht ersetzen." (S. 140) Und so wird er – inzwischen „ein zu dick geratener pubertierender Knabe" (S. 139) – schließlich „das, was man einen schwierigen Jungen nennt, **undankbar, widerborstig und ständig gereizt**" (S. 140).

Er ist gekränkt, dass seine Mutter sich noch immer nicht mit den negativen Ergebnissen des Gutachtens abfindet. Er ist auch **gekränkt**, dass sie mit ihm nicht über ihren Wunsch spricht, das Findelkind 2307 zu adoptieren. Und er ist gekränkt, weil sie nicht wahrnimmt, dass auch er noch da ist und dass er gerne einmal **um seiner selbst willen von ihr umarmt** worden wäre (vgl. S. 167).

Und so stellt sich der Leser am Ende des Buches die Frage, ob nicht in Wahrheit der Ich-Erzähler *Der Verlorene* ist: Ein Kind, das **einsam ohne Freunde in einem sprachlosen Elternhaus ohne Geborgenheit** aufwächst, ständig **gequält von Schuld und Scham**, eingesperrt in das Trauma der Mutter, das von ihr an die nächste Generation weitergegeben wird. Treichel verweist selbst auf den Begriff der „transgenerationellen Traumatisierung" in der Forschung:

[I]ch bemerke, dass die Traumatisierung der Elterngeneration, also die Erfahrung von Krieg, Flucht und Verfolgung, mir nicht nur in der Kindheit mitgegeben wurde, sondern mich auch über einen langen Zeitraum noch erreicht.[23]

Die Eltern

Die Eltern kommen wie die des Autors **aus Rakowiec** in Polen und sind Ende des Zweiten Weltkrieges **nach Ostwestfalen geflüchtet** (siehe *Interpretationshilfe*, S. 9 ff.). Sie haben ostpreußische und schwäbisch-pietistische Wurzeln, und sind **unfähig, „Freizeit oder Erholung zu genießen"** (S. 20).

> **Pietismus** ist eine Reformbewegung der protestantischen Kirche, die in der zweiten Hälfte des 17. Jahrhunderts begann und vor allem in Württemberg großen Einfluss hatte. Im Zentrum steht das fromme Individuum, das sich durch wahre Gottesfurcht und werktätige Liebe auszeichnet.

Die Eltern zwingen sich zu Sonntagsspaziergängen, da diese „der **Erhaltung der Arbeitskraft**" dienen und „dem christlichen Respekt vor dem Sonntag geschuldet" (S. 19) sind. Die Fahrt nach Heidelberg ist die einzige längere Reise, die sie unternehmen, denn „Reisen schien sie an die Flucht zu erinnern" (S. 122) und ist mit der **Angst** verbunden, ihr Haus zu verlieren. Bei der Suche nach Arnold zeigen sie **erstaunliche Beharrlichkeit**.

Gespräche finden in der Familie so gut wie nie statt. Die Eltern sind auch **nicht in der Lage, Zuneigung oder Liebe auszudrücken**. Nur an einer einzigen Textstelle gibt es eine Ausnahme: Bei der Stadtbesichtigung in Heidelberg registriert der Ich-Erzähler mit Erstaunen, wie der Vater den Arm um die Mutter legt und diese ihre Wange an seine Schulter drückt; eine zärtliche Geste, die er zuvor noch nie bei den beiden gesehen hat (vgl. S. 118 f.).

Erst ihrem totem Ehemann gegenüber wird die Mutter noch einmal zärtlich (vgl. S. 134 ff.), aber das wirkt eher **befremdlich** angesichts der vorherigen Beziehung zwischen den beiden. Mit dem Sohn sprechen die Eltern fast nie, höchstens über ihn. Für die Eltern ist der namenlose Nachgeborene nur das **Zeichen für das Fehlen ihres Erstgeborenen**. Sie sind nicht in der Lage, ihn als Menschen anzunehmen, geschweige denn zu lieben.

Der Vater

Der Vater, „[e]in Bauer aus Rakowiec" (S. 86), der **in zwei Weltkriegen Haus und Hof verloren** hat, baut sich im Westen „ein drittes Mal eine sogenannte Existenz" (S. 45) auf und wird ein erfolgreicher Geschäftsmann. Er **stürzt sich manisch in die Arbeit**, und wenn es zu Hause Schwierigkeiten gibt, weil die Mutter von der traumatischen Flucht gepeinigt wird, flieht er aus dem Haus und kümmert sich um das Geschäft. „Der Vater […] büßte durch Arbeit. Je mehr die Mutter unter der Last der Erinnerung zu erstarren drohte, umso aktiver wurde der Vater" (S. 45).

Jede Station seines Aufstiegs vom Leihbüchereibetreiber zum Großhändler mit mehreren Angestellten wird mit der Anschaffung eines neuen, noch größeren Wagens dokumentiert. Er ist der **prototypische Vertreter des Wirtschaftswunders** in der Bundesrepublik der 1950er-Jahre.

> Unter **Wirtschaftswunder** versteht man die schnelle Erholung der westdeutschen Wirtschaft in den 1950er-Jahren. Voraussetzungen dafür waren die Währungsreform 1948 und der Marshallplan, also die Aufbauhilfe durch die USA.

Hans-Ulrich Treichel glaubt, dass dieses Wirtschaftswunder „sich wahrscheinlich, mehr als wir wissen, traumatischer Erfahrung und einem in Arbeit transformierten Auslöschungsimpuls verdankt".[24] Die **Vergangenheit soll ausgelöscht oder verdrängt werden**, v. a. die Flucht und die Vertreibung, als deren Opfer der Vater sich sieht und für die er nie durch den Lastenausgleich (vgl. S. 163) entschädigt wurde.

Das 1952 im westdeutschen Bundestag verabschiedete Gesetz zum **Lastenausgleich** hatte das Ziel, Deutsche, die durch den Zweiten Weltkrieg geschädigt waren, zu entschädigen.

Dass der Vater selbst einen Hof in einem Land betrieben hat, das vom NS-Regime völkerrechtswidrig besetzt wurde (siehe *Interpretationshilfe*, S. 10 f.), wird in der Familie nie thematisiert. Im Gegenteil: Im Gespräch mit dem Professor von Liebstedt, der auch aus dem Osten stammt, bestätigen sich beide gegenseitig ihre **Vorurteile** (vgl. S. 110 f.) gegenüber Polen und Russen. Und er nennt die Nebengebäude des Familienhauses abwertend eine „Polenwirtschaft" (S. 76), die er abreißen lässt, um Platz für ein Kühlhaus zu schaffen, das Umsatzsteigerung verspricht und ihm „einen Vorsprung vor den Konkurrenten" (S. 79) verschafft.

Seine Sorge für Frau und Kind beschränkt sich auf das **Materielle**, Persönliches spielt kaum eine Rolle. Während er sich in Kundengesprächen vortrefflich in seine Kunden einfühlen kann, gibt es so gut wie **keine Gespräche mit seinem Sohn**, dessen Nöte er überhaupt nicht bemerkt. Mit ihm kommuniziert er per Arbeitsanweisung oder Befehl.

Den Sohn beachtet der Vater nicht, sein Fokus liegt auf dem Wohlstand der Familie (Verfilmung von Matti Geschonneck aus dem Jahr 2015).

Nur bei den zweimal jährlich im eigenen Haus stattfindenden Schlachtfesten, bei dem die Bekannten aus dem Osten eingeladen sind, kann der „ansonsten **aufbrausende und zum Jähzorn neigende Mann**" (S. 44) entspannen. Deshalb gibt es für ihn auch **keine Urlaubsreisen:**

> *Ein Bauer aus Rakowiec verläßt sein Haus nicht freiwillig. Wer sein Haus verläßt, der versündigt sich. Wer sein Haus verläßt, dem lauern die Russen auf. Wer sein Haus verläßt, dem wird sein Haus geplündert und zerstört.* (S. 122)

Und tatsächlich wird während der einzigen längeren Reise, die er mit der Familie unternimmt, sein Kühlhaus geplündert, dessen Inhalt er **aus übertriebener Sparsamkeit** noch nicht versichert hat. Schon auf der Heimfahrt hat er wegen der „gänzlich überflüssige[n] Fahrt nach Heidelberg" (S. 126 f.) einen **Tobsuchtsanfall** und Schmerzen in der Brust bekommen. Er erleidet nun nach diesem für ihn wieder existenzbedrohenden Vorfall zwei Herzinfarkte und stirbt. **Seine Befürchtungen werden** also durch die Ereignisse auf schreckliche Weise **bestätigt** und durch seinen Tod sogar noch übertroffen.

Zusammenfassend lässt sich sagen, dass der Vater – als **beachtlicher sozialer Aufsteiger** – ein sehr **widersprüchliches Verhältnis zu seiner Herkunft** hat. Einerseits beruft er sich oft auf seine Heimat, zitiert quasi mantra-artig **bäuerliche Lebensregeln**, die ihm Halt geben (vgl. S. 42, 76, 81, 86, 109, 122, 141): Hier herrscht also Identifikation vor. Andererseits will er sich **von seiner Herkunft loslösen**, indem er sich nach oben arbeitet. Er will zeigen, dass er kein Bauer mehr ist. Erst als die Mutter in Heidelberg mit Krawatte, Anzug und Schuhen „aus dem Bauern einen Geschäftsmann" macht, verliert er seine **Unsicherheit** und begibt sich „mit festen Schritten in Richtung Gerichtslaboratorium" (S. 87). Der Vater hat also kein geklärtes Verhältnis zu seiner Herkunft und **kein stabiles Selbstbild**. Gerade auch deswegen flüchtet er sich wohl in materielle Dinge.

Die Mutter

„[E]twas Schreckliches" (S. 14) ist der Mutter des Ich-Erzählers auf der Flucht widerfahren. „Das Schreckliche [...] ist dann doch passiert." (S. 16) Immer wieder hört der Ich-Erzähler in seiner Kindheit solche Sätze, mit denen die **Vergewaltigung der Mutter** durch russische Soldaten auf der Flucht umschrieben wird. Das Wort Vergewaltigung wird von den Eltern aber nie ausgesprochen oder auch nur ansatzweise erklärt; der Erzähler gibt zu, damals nicht gänzlich begriffen zu haben, was der Mutter genau angetan wurde (vgl. S. 54). In **Todesangst** hat sie ihr einjähriges Kind einer Frau in die Hand gedrückt, „voreilig" (S. 16), wie sie nun glaubt, denn die Russen hatten es nicht auf ihr Leben abgesehen. Zum **Trauma** der Vergewaltigung kommen die **Schuldgefühle**, ihr Kind aus Angst um ihr eigenes Leben und um dessen Leben weggegeben zu haben.

> Die Weltgesundheitsorganisation definiert **Traumata** als „kurz- oder langanhaltende Ereignisse oder Geschehen von außergewöhnlicher Bedrohung mit katastrophalem Ausmaß, die nahezu bei jedem tiefgreifende Verzweiflung auslösen würden".[25] „Eine **Vergewaltigung** bedeutet eine enorme Erniedrigung der betroffenen Person, einen massiven Angriff auf ihre psychische Integrität. Das Opfer erfährt, dass es der Macht und der Willkür des Täters ausgesetzt ist, es erlebt sich als ohnmächtig" (ebd., S. 67), deshalb werde „dieser Angriff auf die Identität des Menschen auch oft als Seelenmord bezeichnet" (ebd., S. 14).

Für die Mutter gibt es in der Nachkriegszeit keine therapeutische Hilfe. Sie kann nicht über ihre Erlebnisse sprechen, ohne **Gefahr** zu laufen, **von der Gesellschaft stigmatisiert zu werden**. Solche traumatischen Erlebnisse haben sogar Auswirkungen auf spätere Generationen:

> *Das Trauma der Vergewaltigungen am Ende des Zweiten Weltkriegs setzt sich über mindestens zwei Generationen weiter fort. Ich erlebe, dass noch die Enkel heute Probleme haben, weil ihre Großmutter nie über ihre schrecklichen Erlebnisse hat sprechen können.*[26]

Das Trauma der Mutter **prägt das Familienleben** mit seiner „von Schuld und Scham vergifteten Atmosphäre" (S. 17). Sogar eine eigentlich zur Entspannung dienende Aktivität wie der Sonntagsspaziergang verläuft in einer gedrückten und gepeinigten Stimmung. Auch Fernsehen ist mit Scham verbunden: „Die bloße Zweisamkeit vor dem Fernseher trieben mir und der Mutter die Schamröte ins Gesicht." (S. 31) Das führt dazu, dass der Apparat schnell ausgeschaltet wird, bevor die **Bedrückung** zu groß wird. Es ist kein Wunder, dass in dieser verklemmten Welt in den ohnehin schon prüden 1950er-Jahren **kein Platz für Zärtlichkeiten** ist.

Die einzigen Male, bei denen der Ich-Erzähler von der Mutter gedrückt wird, haben im wahrsten Sinne des Wortes etwas Bedrückendes, **fast schon Gewaltsames:** „Je mehr die Mutter bebte und erschauerte, umso stärker drückte sie mich an ihren Bauch und fast in ihren Bauch hinein." (S. 74) Dabei hat die Mutter die Lider halb geschlossen und wirkt „ein wenig **wie in Trance**" (S. 75). Es ist offensichtlich, dass sie hier eigentlich nicht den Ich-Erzähler umarmen will, sondern sich ihren Erstgeborenen zurückholen, ihn förmlich aus jenem herauspressen will.

Heute würde man bei der Mutter mit Sicherheit von einer posttraumatischen Belastungsstörung (PTBS) sprechen: Die Symptome der Mutter reichen von **emotionaler Stumpfheit und Teilnahmslosigkeit** bis zu **Depressionen** und schweren Schuld- und Schamgefühlen.

> Die **posttraumatische Belastungsstörung** (PTBS) ist eine psychische Erkrankung, die z. B. durch Gewalt, Krieg und Naturkatastrophen ausgelöst werden kann. Symptome äußern sich durch Angst, Flashbacks, Überempfindlichkeit oder Schlafprobleme und treten meist in den ersten sechs Monaten auf.

Die Mutter spricht fast nie über die ursächlichen Ereignisse und überhaupt nicht über die dadurch ausgelösten Gefühle. **Wie beim Ich-Erzähler reagiert nur ihr Körper:** Sie bricht unvermittelt in Tränen aus oder ihr Kopf beginnt unkontrolliert zu zittern (vgl. z. B. S. 70, 73). Selbst bei den wenigen fröhlichen Ereignissen in der Familie wie beim Schweinekopfessen sitzt sie stumm und in sich gekehrt dabei, „als büße sie das gute Essen und das Gelächter mit einem Schweigegelübde ab" (S. 45). Auch ein Kuraufenthalt bringt **keine Besserung**. Im Gegenteil, sie wird **noch depressiver** und wirft **in einem verzweifelten Versuch der Rebellion** das Geld für den neuen Wagen ins Feuer: „Sie wolle keinen Admiral [...]. Sie wolle ihr Kind." (S. 82)

Nach dem Tod des Vaters funktioniert sie tagsüber perfekt als **strenge und bei den Kunden beliebte Chefin**, am Abend aber versinkt sie „in einem Nebel von Traurigkeit" (S. 139). Auf die negativen Ergebnisse der Untersuchungen reagiert sie zunehmend **apathisch** und scheint sie nicht zur Kenntnis nehmen zu wollen. Dann wieder klammert sie sich **verzweifelt** an die 0,27 Prozent Wahrscheinlichkeit, „daß Arnold und das Findelkind identisch seien" (S. 162), und will sich ihr „Kind nicht noch einmal wegnehmen" (S. 157) lassen. Schließlich **resigniert** sie und findet sich damit ab, ihren Sohn nicht wiederzubekommen, äußert jedoch den Wunsch, das Findelkind einmal sehen zu wollen. Gleichzeitig **bestraft** sie **sich selbst**, indem sie den Heiratsantrag von Herrn Rudolph nicht annimmt, obwohl sie eigentlich ja sagen will.

Am Ende der Erzählung bleibt offen, warum die Mutter die frappierende Ähnlichkeit des Ich-Erzählers mit Heinrich nicht zu bemerken oder sogar den Jungen im Laden nicht einmal wahrzunehmen scheint und schnell das **Zeichen zum Aufbruch** gibt (siehe *Interpretationshilfe*, S. 75 ff.).

Arnold

Obwohl der verschollene Bruder in der Familie nicht anwesend ist, dreht sich alles um ihn. Schon der erste Satz der Erzählung führt ihn ein: „Mein Bruder hockte auf einer weißen Wolldecke und lachte in die Kamera." (S. 7) Dieses **Bild des fröhlichen Kindes** hat den zentralen Platz im Fotoalbum der Eltern. Es befindet sich ganz vorn, „noch vor den Hochzeitsbildern der Eltern und den Porträts der Großeltern" (S. 7). Für den Ich-Erzähler sieht Arnold als Säugling nicht nur wie ein glücklicher und gutgelaunter, „sondern auch wie ein bedeutender Mensch" (S. 9) aus. Das Foto ist Anlass für unzählige Betrachtungen der Mutter, die der Ich-Erzähler zunehmend mit Neid verfolgt. Erst als er erfährt, dass sein Bruder tot sei, „auf der Flucht vor dem Russen verhungert" (S. 11), wird er ihm sympathisch und er bezeichnet ihn als seinen Freund. Arnold bleibt zwar abwesend, nimmt aber als **Projektionsfläche** für die unterschiedlichen Sehnsüchte und Bedürfnisse der traumatisierten Familienmitglieder eine übermächtige Stellung ein.

Das wird auch deutlich, als sich herausstellt, dass Arnold doch noch leben könnte und dass nach ihm gesucht wird. Von nun an kreist auch beim Ich-Erzähler alles Denken und Handeln um ihn und die Frage, ob er mit dem Findelkind 2307 identisch ist. Arnold wird für den Ich-Erzähler zur **Bedrohung**, da er befürchtet, mit ihm teilen zu müssen. Er bezeichnet ihn als „**Wichtigtuer**" (S. 154), der es im Vergleich zu ihm viel einfacher habe:

Er brauchte nicht aufzuräumen, er brauchte keine Hausaufgaben zu machen, er brauchte kein gescheites Kerlchen zu sein, und die Eltern sorgten sich trotzdem beständig um ihn. (S. 121)

Der Ich-Erzähler **beneidet Arnold** also vor allem **um die bedingungslose Liebe der Eltern,** denn er selbst muss vielerlei Leistungen erbringen und erfährt trotzdem keine Liebe. Für ihn hat sich der übermächtige Arnold sogar „auf wunderbare Weise verdreifacht" (S. 171): Er ist sein verloren gegangener Bruder, das Findelkind 2307 und Heinrich der Fleischer.

Dem Ich-Erzähler ist dabei nicht bewusst, dass auch das Findelkind – also möglicherweise Arnold – unter den Untersuchungen leidet und sich schon einmal **vergeblich Hoffnungen**

gemacht hat, seine Familie wiederzufinden. „Speziell die im Rahmen des gutachterlichen Verfahrens vorgenommene Gegenüberstellung mit den möglichen Eltern habe ihn **außerordentlich belastet**" (S. 83), teilt das Jugendamt den Eltern mit, als es sich gegen ein neues Gutachten ausspricht. An einer anderen Stelle ist sogar von „**seelische**[n] **Einbußen**" (S. 63) des Findelkindes die Rede.

Wie der Ich-Erzähler scheint auch Arnold alias Heinrich die Situation am Ende der Erzählung sofort zu begreifen: Als ihn der Ich-Erzähler aus dem Wagen ausgiebig mustert, erbleicht er, weil **ihm** offenbar auch sofort die **Ähnlichkeit mit dem Ich-Erzähler auffällt**. Und so wird das Buch *Der Verlorene* die „Geschichte eines Anwesenden, der immer abwesender wird, und eines Abwesenden, der immer anwesender wird".[27]

Nebenfiguren

Die einzige Person, die regelmäßig die Familie besucht, ist **Tante Hilde**, die verwitwete Schwester des Vaters. Sie ist eine Frömmlerin, also eine sehr **scheinheilige Frau**, die als einziges Medium das wöchentlich erscheinende Kirchenblättchen gelten lässt. Die darin enthaltene Wochenlosung – eine Stelle aus der Bibel – studiert sie täglich und verinnerlicht sie. Das **Fernsehen ist** für sie „eine **Erfindung des Teufels**" (S. 28), welche die Menschen dem weltlichen Treiben aussetzt und von Gott entfernt. Da der Fernseher sie aber auch neugierig macht, setzt sie sich mit dem Rücken zum Apparat und schaut der Familie beim Fernsehen zu. So schützt sie sich vor den angeblich schädlichen Bildern und befriedigt trotzdem ihre Neugier. Der **Widerspruch zwischen ihren Worten und ihrem Verhalten** ist also offensichtlich.

Professor Freiherr von Liebstedt leitet das gerichtsanthropologische Institut in Heidelberg. Obwohl er selbst von seinen Klienten Pünktlichkeit verlangt, lässt er die Familie fast eine

Stunde warten. Daraus sprechen die **Arroganz** und das **Überlegenheitsgefühl** des ehemaligen Gutsbesitzers, der für „kleine" Leute nur Verachtung übrig hat. Den Vater nimmt er erst wahr, als er den Unterlagen entnimmt, dass dieser wie er selbst auch Vorfahren in Rakowiec hat. Seine Familie habe dort ein großes Gut besessen, das „aber wie alles andere auch verloren sei. Vorläufig jedenfalls" (S. 109). Durch diesen Zusatz gibt er sich als **ewiggestriger Revisionist** zu erkennen, der sich mit dem Verlust des großdeutschen Reiches nicht abfinden kann und am liebsten die alten Verhältnisse wiederherstellen würde. Auch ist er von der Überlegenheit der Deutschen gegenüber Polen und Russen überzeugt: „Seine Familie jedenfalls hätte noch aus jedem Boden etwas herausgeholt, während die Russen noch jeden Boden zuschanden gemacht hätten." (S. 109)

Mit starrem Blick folgen die Eltern den Ausführungen des Professors, der ihnen aber nicht weiterhilft (Verfilmung von Matti Geschonneck aus dem Jahr 2015).

Die sehr seltsamen und letztlich nutzlosen Schädel- und Körperbauuntersuchungen des Professors ähneln stark den **Untersuchungen der NS-Mediziner**, die damit die Höherwertigkeit der „arischen Rasse" beweisen wollten (siehe *Interpretationshilfe*, S. 53 f.). Bei seiner Untersuchung fallen dem Ich-Erzähler die

Löcher in der Zimmerdecke des Freiherrn auf: „‚Das sind **Einschusslöcher**‘ sagte der Professor plötzlich [...]. ‚Vom Krieg [...], aber das tut nichts zur Sache‘“ (S. 114). Wenn man bedenkt, dass die Familie nur aufgrund des Krieges nach ihrem verschollenen Sohn suchen muss, ist das eine erstaunlich **gefühlskalte Feststellung**.

Eine besonders groteske Figur in Treichels Erzählung ist der **Leichenwagenfahrer**. Über zehn Seiten erstrecken sich seine zum Teil banalen, zum Teil skurrilen Ausführungen über Kantinen, die Oberfinanzdirektion, über Totenhemden und Krematorien (vgl. S. 97–107). Den durch die Untersuchungen erschöpften Eltern fallen bei seinen ausschweifenden Reden bald die Augen zu, der Ich-Erzähler **studiert den Leichenwagenfahrer** aber **sehr genau**.

Er sieht Grabflecken in dessen Gesicht und schlussfolgert, dass der Leichenwagenfahrer „**Angst vor dem Tod**“ (S. 105) hat. Er sucht bei ihm nach weiteren Spuren und sieht in ihm eine Personifikation des Todes: „Der Tod hatte ein gerötetes Gesicht und bräunliche Zähne“ (S. 104). „Der Tod benutzte eine Frisiercreme“ (S. 105). Der Leichenwagenfahrer ist ein moderner **Fährmann Charon**. Dieses Motiv aus der griechischen Mythologie erweist sich in der Erzählung auch als ein **Vorzeichen für den Tod des Vaters** am Ende der Reise nach Heidelberg.

> **Charon** ist in der griechischen Mythologie der Fährmann, der die Toten gegen einen Obolus, also eine kleine Geldspende, mit seinem Boot über den Totenfluss Styx oder Lethe hinüber ins Totenreich bringt.

Als der Vater ins Krankenhaus muss und die Mutter bei ihm bleibt, kümmert sich der **Revierpolizist Herr Rudolph** durchaus **feinfühlig** um den Ich-Erzähler. Er hat zu einem früheren Zeitpunkt bereits die Abnahme der Fingerabdrücke geleitet und wird als „**Freund der Familie**" bezeichnet (S. 58). Herr Rudolph isst mit dem Ich-Erzähler zusammen zu Abend, erzählt ihm bereitwillig – wohl zur **Ablenkung** – Genaueres über den Einbruch ins Kühlhaus und ist ein **aufmerksamer Zuhörer** (vgl. S. 129 f.).

Es ist auch Herr Rudolph, der dem Ich-Erzähler schließlich die Nachricht vom Tod des Vaters übermittelt und ihm dann rät, in der Bibel zu lesen. Herr Rudolph entwickelt sich also zu einer **Bezugsperson für den Ich-Erzähler**, vielleicht zur einzigen, die dieser je hatte.

Nach dem Tod des Vaters ist **Herr Rudolph** für die Mutter und ihren Sohn da. Aufgrund seines Amtes kann er auch die **Erstellung des Gutachtens beschleunigen** und die **Adresse des Findelkindes ausfindig machen**. Mit dem Ich-Erzähler unterhält er sich stets wie mit einem Erwachsenen. Er erscheint diesem deshalb weitaus freundlicher als der Vater, vor allem als er bei der Mutter erwirkt, dass ihr Sohn eine Langhaarfrisur tragen darf, wenn dieser im Gegenzug verspricht, „der Mutter gegenüber weniger gereizt zu sein" (S. 141). Damit greift Herr Rudolph sogar in die **Erziehung des Ich-Erzählers** ein, er füllt zunehmend die **Vater-Rolle** aus.

Herr Rudolph sorgt sich auch einfühlsam um die Mutter und versucht, sie mit Schallplatten aufzuheitern, z. B. mit der Operette „Land des Lächelns" (S. 141), was den größtmöglichen **Kontrast zur Trauer der Mutter** erzeugt. Schließlich macht er ihr einen **Heiratsantrag**, den sie jedoch nicht annimmt. Dem Ich-Erzähler wird er am **Ende unsympathisch**, denn er weist ihn ebenso streng wie der Vater zurecht, als die Trigeminusneuralgie sein Gesicht wieder zu einem bösartigen Grinsen verzieht. Herr Rudolph lässt damit erkennen, dass auch er letztlich **kein wirkliches Verständnis für den Jungen** hat.

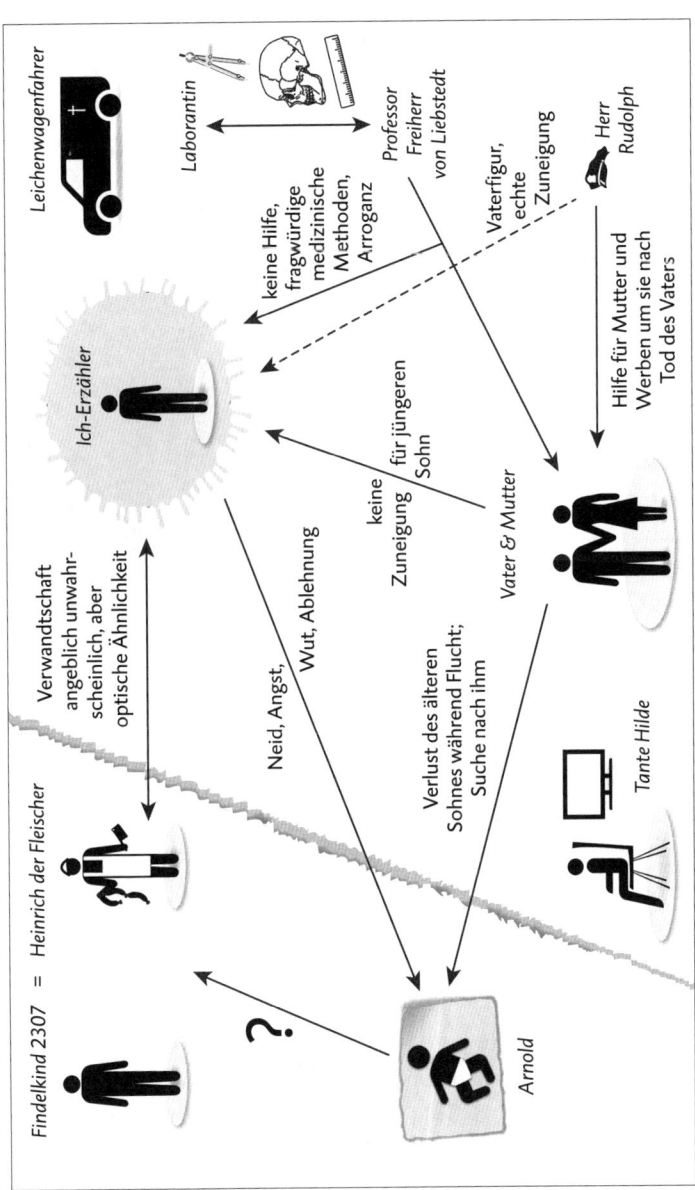

3 Thematische Schwerpunkte

Der verlorene Sohn

In der darstellenden Kunst, in der Musik und in der Literatur gibt es zahlreiche Bearbeitungen des Gleichnisses vom verlorenen Sohn aus dem Lukasevangelium (Lk 15, 11–32), in dem offenbar eine **fundamentale Menschheitserfahrung** erzählt wird. In dieser Tradition steht auch *Der Verlorene* von Treichel. Im Neuen Testament lässt sich der jüngere von zwei Söhnen vom Vater sein Erbe ausbezahlen

Gemälde *Die Rückkehr des verlorenen Sohnes* von Rembrandt (1606–1669)

und verprasst es in der Fremde. Als **dieser reumütig zurückkehrt**, nimmt ihn der Vater aber wieder freudig auf, schlachtet ein Kalb und veranstaltet ein Freudenfest. Der ältere Sohn reagiert mit **Zorn und Neid**, denn für ihn wurde noch nie ein Kalb geschlachtet oder ein Fest gefeiert. Als er seinem Vater deswegen **Vorwürfe** macht, antwortet dieser:

> *Du solltest aber fröhlich und guten Mutes sein; denn dieser dein Bruder war tot und ist wieder lebendig geworden; er war verloren und ist wieder gefunden.*[28]

Bei Treichel ist es nun der Nachgeborene, der mit Neid der Wiederkehr des verlorenen Sohnes entgegensieht und ihm sogar den Tod wünscht (vgl. S. 58). Der ältere Bruder Arnold hat **nicht freiwillig seine Heimat verlassen** und er führt auch kein ausschweifendes Leben in der Fremde. Er wurde von der Mutter **auf**

der Flucht zurückgelassen. Dieses Ereignis ist die Ursache für die Schuld- und Schamgefühle, die von den Eltern auf den jüngeren Sohn übergehen und bei ihm **jegliche Lebensfreude ersticken**.

Auch für den Ich-Erzähler wurde noch nie ein Fest veranstaltet, er nimmt an den jährlich zweimal stattfindenden **Schlachtfesten** nur gezwungenermaßen teil. Er ist nicht „fröhlich und guten Mutes", sondern „so **verstört**, daß [er sich] nur noch widerwillig an den regelmäßigen Schweinekopfessen beteiligte" (S. 41), nachdem er einmal dem Schlachten des „angestochenen, wild quiekenden und zuckenden Tieres" (S. 40) zugeschaut hatte.

Ein weiterer Unterschied ist, dass in Treichels Erzählung der verlorene Sohn nicht zurückkehrt, sondern am Ende nur **durch das Schaufenster einer Metzgerei begutachtet** wird; an einem Kennenlernen ist die Mutter nicht mehr interessiert. Dieses Ende erinnert an Franz Kafkas Erzählung *Die Heimkehr* (1920). Auch bei Kafka gibt es **keine freudige Heimkehr des Verlorenen in den Schoß der Familie**, sondern der Heimkehrer traut sich nicht in sein Elternhaus und fragt sich:

> *Wie wäre es, wenn jetzt jemand die Tür öffnete und mich etwas fragte. Wäre ich dann nicht selbst wie einer, der sein Geheimnis wahren will.*[29]

In beiden Fällen bleibt es – im Gegensatz zum biblischen Gleichnis – bei der **Entfremdung** zwischen dem verlorenen Sohn und seiner Familie, und bei Treichel sogar bei der Entfremdung zwischen dem daheimgebliebenen Sohn und seinen Eltern.

Die anthropometrischen und erbbiologischen Untersuchungen

Da es in den 1950er-Jahren noch keine Gentests gab, mussten zur Bestimmung von Verwandtschaftsverhältnissen neben Blutanalysen noch umfangreiche anthropometrische Vermessungen und erbbiologische Untersuchungen durchgeführt werden, deren **Aussagekraft jedoch mehr als zweifelhaft** war.

> Der Engländer Alec John Jeffreys entdeckte 1984 den **genetischen Fingerab-**
> **druck**, mit dessen Methode bis heute zuverlässig Verwandtschaftsverhältnisse
> bestimmt werden können.

Diese Untersuchungen laufen in der Erzählung immer nach dem
gleichen dreischrittigen Muster ab: *Hoffnung* (vgl. S. 52), *Unter-*
suchung (vgl. S. 58 f.), *Ernüchterung* (vgl. S. 60 ff.) … *neue Hoff-*
nung (vgl. S. 62), *neue Untersuchung* (vgl. S. 63 ff.), *wieder Er-*
nüchterung (vgl. S. 70 ff.) usw.

Art der Untersuchung	Ergebnis: Verwandtschaft mit Findelkind …
1. Fingerabdrücke Blutanalyse	„wenig wahrscheinlich" (S. 60) „möglich, aber nicht positiv wahrscheinlich" (S. 62)
2. Gesichts- und Schädelvergleich anhand von Fotos	„in hohem Maße unwahrscheinlich" (S. 73)

3. Anthropologisch-erbbio-
logisches Gutachten:
 	
• Fußabdrücke
• Körperbaumerkmale
• Kopf- und Gesichts-
  messungen
 	
• Biomathematisches
  Zusatzgutachten
	
	„keinesfalls auszuschließen" (S. 125)
	„mäßig unwahrscheinlich" (S. 150)
	„leidlich zur Frau und leidlich schlecht zum
	Mann, aber erstaunlich gut zum ehelichen
	Sohn" passend (S. 151)
	zu „99,73 % […] nicht die Eltern des Findel-
	kindes" (S. 156)

Der Ich-Erzähler bzw. sein Körper wird dabei mehr und mehr
zum **Vergleichsgegenstand**, seine **Persönlichkeit** – mit all
seinen Bedürfnissen und Ängsten – wird von seiner Umgebung
aber **immer weniger wahrgenommen**.

> *Doch während Arnold mit jeder Untersuchung immer wahr-*
> *scheinlicher zu werden drohte, wurde ich mit jeder Untersu-*
> *chung immer unwahrscheinlicher.* (S. 61)

Die Ergebnisse werden in einer verwirrenden Fülle von Einzel-
beobachtungen wiedergegeben, die kein Gesamtbild ergeben

und in ihrer **Fachterminologie geradezu fantastisch** klingen. Da ist von „Zentraltaschen, Doppelschleifen, Leisten und Wirbeln" (S. 60), der „Ausbuchtung der Helix in der Gegend der Tierohrspitze" und vom „Abwinklungsgrad des Ohrläppchens" (S. 72) die Rede. Das Gutachten von Professor Freiherr von Liebstedt spricht von „relative[r] Kieferwinkelbreite", „Stirnhöcker", „Unternase" und „Flügelrandschweifung" (S. 144 ff.).

Die teils lächerlich klingenden Begriffe können nur schwer die tragische Tatsache verschleiern, dass die **Ergebnisse** des Professors völlig **unergiebig** sind. Sie weisen vielmehr „auf den ‚zerstückelnden' Charakter dieser Untersuchungen und des ihnen zugrundeliegenden Menschenbildes"[30] hin. Damit ist die Reduzierung des Menschen auf seine Schädel-, Fuß- und Nasenform gemeint, die in der Zeit des

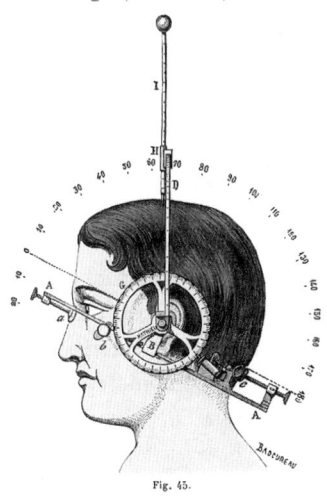

Fig. 45.

Kopfmessgerät (1883) nach Alphonse Bertillon, dem Erfinder der Anthropometrie

Nationalsozialismus gang und gäbe war: Aus der Kombination solcher Einzelmerkmale hat man die rassische Wertigkeit bzw. Unwertigkeit eines Menschen abgeleitet.

Ulrike Vedder weist darauf hin, dass der fiktive Professor Freiherr von Liebstedt ein **historisches Vorbild** hat, nämlich den Erbbiologen Freiherr von Verschuer, „der bis 1942 das **Institut für Erbbiologie und Rassenhygiene** der Universität Frankfurt am Main leitete"[31] und nach dem Krieg zuerst als „Mitläufer" eingestuft wurde und von 1951 bis 1965 Professor für Humangenetik an der Universität Münster[32] war. Unter diesem Freiherrn von Verschuer hat **Josef Mengele** 1938 seine Dissertation über die „Erblichkeit der Lippen-Kiefer-Gaumenspalte" verfasst. Darauf wird in *Der Verlorene* angespielt, wenn der Ich-Erzähler erfreut feststellt:

> *Zum Glück hatten wir keine Hasenscharte [...], denn wo eine tiefe Oberlippenkerbung ist, da könnte auch eine sehr tiefe Oberlippenkerbung sein. Und von einer sehr tiefen Oberlippenkerbung wäre es zu einer Hasenscharte nicht mehr weit.* (S. 148 f.)

Josef Mengele (1911–1979) war ein deutscher Mediziner, der als Lagerarzt des Vernichtungslagers Auschwitz menschenverachtende Experimente an Häftlingen vornahm. Er tauchte nach dem Krieg in Südamerika unter und wurde nie zur Rechenschaft gezogen.

Es ist auch der jugendliche Erzähler, der als Einziger immer wieder die **Absurditäten und Widersprüchlichkeiten der Gutachten** zu durchschauen scheint. So lautet seine logische Folgerung aus den Ergebnissen der Fingerabdrücke:

> *[W]enn ihre Elternschaft für 2307 nicht unwahrscheinlicher sei als ihre Elternschaft für mich, dann müsse doch, da ihre Elternschaft für mich mehr als nur wahrscheinlich, nämlich ganz sicher sei, auch ihre Elternschaft für Arnold beziehungsweise das Findelkind mehr oder weniger sicher oder zumindest höchstwahrscheinlich sein.* (S. 61)

Und ganz ohne statistische Grundkenntnisse **widerlegt er das biomathematische Zusatzgutachten** des Professors:

> *Ich konnte nicht finden [...], daß eine Wahrscheinlichkeit beziehungsweise Unwahrscheinlichkeit von 99,73 Prozent noch irgendetwas mit einer mäßigen Unwahrscheinlichkeit zu tun hatte. Eine Unwahrscheinlichkeit von 99,73 Prozent, das war so etwas wie eine totale Unwahrscheinlichkeit.* (S. 156 f.)

Die Bedeutung der Fotografie

Die Erzählung beginnt mit der **Beschreibung der Porträtaufnahme des verloren gegangenen Sohnes Arnold** im Familienalbum. Es ist das **einzige Erinnerungsstück**, das den Eltern von ihrem Erstgeborenen geblieben ist. Es erscheint dem Ich-Erzähler „gleichsam lebensgroß" und gibt der Mutter „Anlaß zu unerschöpflicher Betrachtung" (S. 10). Das **Medium Fotografie** verwandelt lebende Menschen in feststehende Bilder und ermöglicht dadurch deren **Nachleben**. Dieses Nachleben ist bei dem Bild des Erstgeborenen so stark, dass es die Existenz des Ich-Erzählers in den Hintergrund drängt. Im Gegensatz zu Arnolds Foto sind die Fotos des Ich-Erzählers winzig und befinden sich erst am Ende des Albums. Zudem ist er auf den Bildern nur fragmentarisch zu erkennen:

> *Während mein Bruder Arnold schon zu Säuglingszeiten nicht nur wie ein glücklicher Mensch, sondern auch wie ein bedeutender Mensch aussah, war ich auf den meisten Photos meiner Kindheit zumeist nur teilweise und manchmal auch so gut wie überhaupt nicht zu sehen.* (S. 8 f.)

Auf dem Foto des Roten Kreuzes erkennen die Eltern in dem Findelkind 2307 „sofort ihren Sohn Arnold" wieder, „auch wenn das Kind auf den Photos fast schon ein junger Mann" ist (S. 53). Für den benötigten **Bildervergleich** löst die Mutter „schweren Herzens" (S. 63) das einzige Foto, das von Arnold existiert, aus dem Album. Das Foto wird hier also zur wichtigen **Hilfe bei der Suche nach Arnold**. „Würde es verlorengehen, wäre der ganze Arnold verloren" (S. 64), seine Existenz wäre ausgelöscht. Da vom Ich-Erzähler auf den Fotos so gut wie nichts zu sehen ist, wird er zunächst zum Fotografen und zuvor zum Friseur geschickt. Für eine „Hinterkopfaufnahme", der sich der Fotograf „mit äußerster Sorgfalt" (S. 66) widmet, muss er seine Haare auf „Frontsoldaten- beziehungsweise Lagerinsassenhaarlänge" (S. 68) stutzen lassen.

Neben dieser fast beiläufigen **Anspielung auf Krieg und Konzentrationslager** wird das Medium Fotografie an dieser Stelle der Erzählung auch **mit dem Tod assoziiert**. Der Ich-Erzähler hat nämlich schon oft die Porträts im Schaukasten des örtlichen Fotografen studiert. Er sieht, wie „die Zeit an ihnen" frisst, „wie die Kinder älter wurden und das Elternpaar alt" (S. 65). Er will daher auf keinen Fall selbst in diesem Schaukasten ausgestellt werden.

Wenn ich in den Schaukasten mit den Photos blickte, dann begriff ich, daß die Menschen sterben mußten. Und nicht nur das: oft sah ich sie jetzt schon als Tote, sie waren zu Tode frisiert, zu Tode gekleidet, zu Tode photographiert. (S. 65)

Der Erzähler empfindet den **Schaukasten „als eine Art Pranger** [...], der die Menschen vor aller Welt bloßstellte" (S. 65). Fotos haben also in *Der Verlorene* eine fast magische und paradoxe  Bedeutung: Einerseits ermöglichen sie gewissermaßen das Weiterleben von Toten oder Vermissten, andererseits kann man auf ihnen schon die zukünftigen Toten sehen.

Schuld und Scham

Es ist nicht einfach, die beiden in der Erzählung fast immer **paarweise auftretenden Begriffe** Schuld und Scham voneinander abzugrenzen. Schuld wird von Psychologen als ein Gefühl definiert, das bewusst oder unbewusst **einem Fehlverhalten oder einer Pflichtverletzung folgt**.[33] Scham dagegen richtet sich häufig sehr unspezifisch auf die eigene Person.

> *Bei der Scham driften Ich und Ich-Ideal auseinander, es entsteht eine Kluft zwischen der jeweiligen Person und ihren Ansprüchen an sich selbst.*[34]

Menschen, die sich schämen, haben
> *den Eindruck, dass sie als Ganzes irgendwie nicht in Ordnung sind und irgendwelchen mehr oder minder berechtigten Anforderungen nicht entsprechen.*[35]

Genau dieses Gefühl beschleicht den Ich-Erzähler von Anfang an, „ohne daß [er] wußte, warum" (S. 17). Doch worin könnte eigentlich die **Schuld des jugendlichen Erzählers** bestehen? Nur einmal werden ihm konkret Vorwürfe gemacht. Die Mutter habe, so sagt der Vater, „den Eindruck, daß [er] hingegen sehr wohl über den Verlust [s]eines Bruders hinweggekommen sei" (S. 48). Ein **absurder und ungeheuerlicher Vorwurf** der Eltern gegenüber ihrem Kind, das diesen Bruder nur auf einem Bild gesehen hat. Später spürt er, „daß sie [die Mutter] in [ihm] etwas erblickte, was sie verloren hatte" (S. 140). Hat er also ungerechtfertigt den Platz von Arnold besetzt, den Platz des guten, verlorenen Sohns? Und schämt er sich deshalb bei allem, was er tut, weil er **den Erwartungen seiner Eltern nicht entspricht**, nicht entsprechen kann und letztlich seine ganze Existenz als falsch empfindet?

Die Hauptfigur in Treichels Roman *Grunewaldsee* sagt über sein moralisches Lebensgefühl: „Ich bin ein Schwarzfahrer mit gültiger Monatskarte"[36], eine Metapher, die auch auf den Ich-Erzähler in *Der Verlorene* zutrifft, weil es **keinen objektiven Grund für Scham und schlechtes Gewissen** gibt. Und am Ende seines Kapitels *Lektionen der Leere*, in dem die Kindheit des Autors charakterisiert wird, zitiert Treichel den Philosophen Nietzsche:

> *Das Kind wäre gern [...] wild, frei und schweifend gewesen; doch statt dessen mußte es mit dem Virus des schlechten Gewis-*

sens infiziert werden. Ein Virus, das wiederum die „größte und unheimlichste Erkrankung' einleitet, von welcher die Menschheit bis heute nicht genesen ist und die Nietzsche ‚das Leiden des Menschen am Menschen‘, die Leiden des Menschen ‚an sich‘ nennt.[37]

> **Friedrich Nietzsche** (1844–1900), deutscher Philosoph und Schriftsteller, hat in seinen Werken – z. B. in *Menschliches, Allzumenschliches* oder in *Also sprach Zarathustra* – die Moral, die Religion, die Wissenschaft und die Philosophie einer scharfen Kritik unterzogen. Er plädierte für die „Umwertung aller Werte".

Während der Ich-Erzähler **diffuse und objektiv grundlose Schuld- und Schamgefühle** hat, sind die der Mutter und des Vaters begründet und konkret:[38] Das Schuldgefühl der Mutter liegt darin, dass sie glaubt, **ihren Säugling auf der Flucht „voreilig [aus] Angst um ihr eigenes Leben"** (S. 16) **weggegeben** zu haben.

Ihre Scham bezieht sich auf die Diskrepanz zwischen dem Bild der schlechten Mutter, das sie von sich selbst hat, und dem **Idealbild der perfekten Mutter**, das die Gesellschaft formuliert. Um ihre negativen Gefühle zu bekämpfen, ist sie unermüdlich im Haus **als Hausfrau und Mutter tätig.**

Je mehr sich die Mutter im Haus zu schaffen machte, um so weniger konnten die Scham und die Schuld sich ihrer bemächtigen. Und in Wahrheit tat die Mutter zumeist nichts anderes, als sich im Haus zu schaffen zu machen. (S. 32)

Der Vater dagegen tut nichts anderes, „als sich **um die Geschäfte** zu **kümmern"** (S. 32). Es ist seine Art, sich seiner vermeintlichen Schuld zu entledigen. Er hat nämlich **sein Haus und seinen Hof verlassen.** „Ein Bauer aus Rakowiec verläßt sein Haus nicht freiwillig. Wer sein Haus verläßt, der versündigt sich." (S. 122) Es ist müßig, darüber zu streiten, ob er durch den Vormarsch der russischen Truppen nicht sowieso von dem Hof in Polen vertrieben worden wäre. In seinem Selbstverständnis hat er den Hof freiwillig verlassen, als er sich mit der Familie auf die Flucht begab. Je erfolgreicher er in der Nachkriegszeit als Geschäftsmann wird, je größer die Autos werden, desto mehr meint er der Gesellschaft – oder sich selbst – demonstrieren zu können, dass er doch **nicht der vermeintlich unverantwortliche Bauer aus Rakowiec** ist.

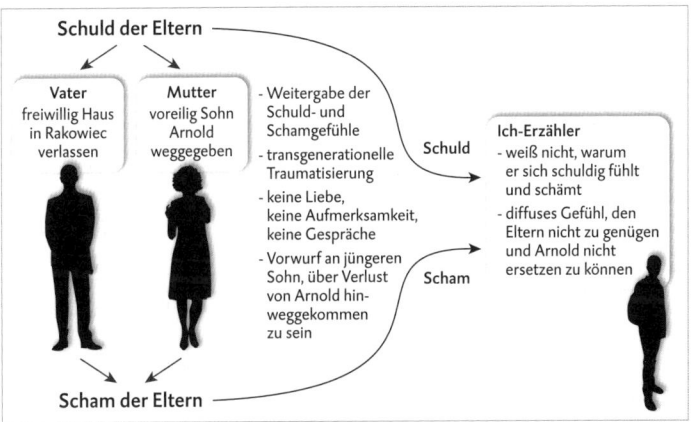

Die Eltern beziehen ihre Schuldgefühle also **nicht auf die Verbrechen des nationalsozialistischen Regimes** in Polen, von denen in der Erzählung nie die Rede ist, sondern ausschließlich auf eigene Handlungen. „Diese **Individualisierung von Schuld und Scham** ist die eigentliche Provokation in Treichels Text."[39] Es sei also eine **Provokation** des Autors, dass Treichel die Eltern in seiner Erzählung nur individuelle Scham und Schuld empfinden lasse, statt die Schuld des deutschen Volkes am Holocaust und am Weltkrieg.

Das **Elternhaus des Ich-Erzählers** spielt bei der (fehlenden) Bewältigung der schuldbeladenen Vergangenheit ebenfalls eine große Rolle. Das alte Fachwerkhaus mit den Flügelfenstern und der hölzernen Eingangstür mit einer Eisenklinke ist früher ein-

mal die Poststelle des Ortes gewesen. Es hatte tiefe Wand-
schränke, unerwartete Treppenabsätze und lange Korridore, „die
wiederum zu anderen Verbindungstüren und Treppenabsätzen
führten" (S. 46). Es war das „Kindheitslabyrinth" des Ich-Erzählers. Der Dachboden ist für ihn gleichzeitig „**Angstort**" und
„**Zauberwald**" (ebd.). Diese beiden Begriffe, die an die Welt der
Märchen erinnern, zeigen die **Angstlust** des Kindes, also das
ambivalente Gefühl, das entstehen kann, wenn aus der Bewältigung einer mit Angst verbundenen Situation ein erregendes Er-
lebnis wird.

Zu der Falltür, die zu einem **dunklen Raum** führt, den der
Erzähler **noch nie betreten hat** und den man anscheinend nur
mittels einer Seilwinde erreichen kann, zieht es ihn magisch hin.
Von oben ist nicht zu erkennen, wie groß er ist, und der Ich-Erzähler wagt nicht, die Eltern nach diesem Raum zu fragen. „Ich
wagte nicht einmal, ihnen davon zu erzählen, daß ich die Falltür
geöffnet und hinuntergeschaut hatte." (S. 47)

Dieser verborgene Raum kann auch als **Metapher** gedeutet
werden, und zwar **für das frühere Leben des Vaters**, zu dem
das Kind keinen Zugang hat und das der Vater zu verbergen
wünscht.[40] Ebenso wie er später die Nebengebäude, „die Polenwirtschaft" (S. 76), abreißen lässt, **verändert** er jetzt **das Innere
des Hauses**. „Er hätte in Frieden leben können, aber es gab
keinen Frieden. Er baute das Haus um." (S. 45) Das alte Fachwerkhaus wird „begradigt, entkernt und ausgeleuchtet" (S. 47)
und auch die Falltür verschwindet „und mit ihr der einzige Zugang zu dem verborgenen Raum" (S. 48).

Für den Ich-Erzähler existiert dieser Raum jedoch weiter,
denn durch den Umbau ist die Fläche des Hauses nicht größer
geworden, der **symbolische Ort wurde nur zugebaut** und ist
„nun gänzlich unauffindbar und unbetretbar geworden" (S. 48).
Damit bleibt das **frühere Leben des Vaters für den Sohn völlig im Dunkeln**. Nie wird er etwas von seiner Familienge-

schichte erfahren, nie wird er erfahren, wie der Vater zu dem Bauernhof im Warthegau (siehe *Interpretationshilfe*, S. 10 f.) gekommen ist und wie er sich seine zweite Existenz aufgebaut hat.

Auch für den Autor Treichel ist die „**Leere der Kindheit**"[41] die prägendste Kindheitserfahrung. Seine Eltern

> *waren Eltern ohne Vergangenheit [...]. Es gab nichts, weder Personen noch Orte, worauf ich über meine Eltern hinaus zurückblicken konnte [...]. Alles, was gewesen war, schien ausgelöscht und brachte sich erst mit der Zeit und auf Umwegen erneut in Erinnerung.[42]*

Und so kann man Treichels literarisches Werk auch als eine beständige **Suche** nach dem zugemauerten Zugang zu dem verborgenen Raum, als Suche **nach der eigenen Vergangenheit und Identität** verstehen.

4   Erzähltechnik und Sprache

Erzählweise

Bei flüchtigem Lesen ist man versucht, die **Perspektive des Ich-Erzählers** nur als die eines ca. **12 Jahre alten Jungen** anzunehmen, der mit seinem abwesenden Bruder um die Zuneigung der Eltern konkurriert. Dieser Junge reagiert eifersüchtig auf das Bild des fröhlichen und wohlgeratenen älteren Bruders, das die Mutter ständig und unter Tränen betrachtet. Auf die Nachricht vom Tod des Bruders überwiegt bei ihm die Erleichterung, sein „Kinderzimmer nicht mit ihm teilen zu müssen" (S. 10), und er verkündet stolz: „Arnold war mein Freund geworden" (S. 12). Es wirkt **besonders kindlich**, dass er sich durch den vermeintlichen Tod des Bruders sogar aufgewertet fühlt, da seine Spielkameraden keinen auf der Flucht vor den Russen verhungerten Bruder haben.

Diese **naiv-kindliche Perspektive** – man könnte auch von einem **erlebenden Ich** sprechen – wird jedoch bald von Kommentaren begleitet, die ein **älterer, psychologisch geschulter Erzähler** – das **erzählende Ich** – abgibt: „Ich begriff [...], daß ich von Anfang an in einer von Schuld und Scham vergifteten Atmosphäre aufgewachsen war." (S. 17) Auch die Charakterisierung der Ausflüge mit den Eltern als „wahre Schuld- und Schamprozessionen" (S. 19) ist die **Aussage eines zurückblickenden Erwachsenen.**

Dieser **Wechsel zwischen dem erlebenden, naiv-kindlichen und dem erinnernden, analysierenden Ich** zieht sich durch die ganze Erzählung. So wird z. B. die Genussunfähigkeit der Eltern der „einerseits schwäbisch-pietistischen und andererseits ostpreußischen Herkunft" (S. 19) zugeschrieben: eine **Einsicht**, die ein Zwölfjähriger sicher nicht haben kann. Aber als die Ergebnisse des biomathematischen Gutachtens eintreffen, kommentiert der Ich-Erzähler die 99,73 Prozent Unwahrscheinlichkeit wieder in der **Sichtweise und Sprache eines gekränkten Jugendlichen.** Er überträgt die Ergebnisse des Gutachtens mithilfe seiner Kenntnisse im Prozentrechnen in die **Terminologie eines Fußballspiels:** „Arnold hatte 1 Tor geschossen – die anderen 370", Arnold hatte „haushoch verloren, was ich nicht sehr bedauerte" (S. 157).

Komik und Tragik

Die **Verbindung zweier disparater, also nicht zusammengehöriger Bereiche** – hier das Resümee einer wissenschaftlichen Untersuchung mit dem unrealistischen Ergebnis eines Fußballspiels – **wirkt komisch** auf den Leser. Der Schriftstellerkollege Wilhelm Genazino hat Hans-Ulrich Treichel beim Erscheinen seiner Erzählung *Der Verlorene* als einen der wenigen komischen Autoren gelobt, „die wir derzeit haben".[43]

Treichel sucht das Komische in den Sachen selbst auf, und er überläßt es seinen Lesern, ob sie bereit (und fähig) sind, über seine Blicke und Perspektiven zu lachen oder nicht. Ob sie, mit anderen Worten, soviel unabhängiges komisches Vermögen haben, das Zwielicht der Ironie und Groteske in den – an sich absolut nicht komischen – Vorgängen zu bemerken.[44]

Deutlich tritt diese Komik beispielsweise zutage, wenn der jugendliche Erzähler **vermeintlich logische Schlüsse aus den Untersuchungen** am gerichtsanthropologischen Institut zieht. Die Laborantin hat sich beim Gipsabdruck für den platten und nicht für den gewölbten Fuß des Vaters entschieden und so schlussfolgert er:

Im Zweifelsfall [...] wird die Laborantin ihre Gipsabdrücke also eher von den platten Füßen machen, um sich die Arbeit zu erleichtern. Was natürlich auch heißt, daß Findelkinder mit platten Füßen eine insgesamt größere Chance haben, als blutsverwandte Kinder identifiziert zu werden. (S. 112)

Die Komik steigert sich zur **Groteske**, wenn der Ich-Erzähler und seine Eltern **auf ihre Körperteile reduziert** werden, was am deutlichsten bei der Darstellung ihrer Nasenmerkmale der Fall ist. Da ist von der „Nasenrückenform", der „Nasenrückenlänge", der „Unternase" und der „Flügelrandschweifung" „mit absinkender Nasenspitze" (S. 146 f.) die Rede.

Diese partielle Vergrößerung des Leibs bewirkt eine groteske Verzerrung des Körpers, eine Disproportionalität [...]. Der Erzähler und seine Eltern verwandeln sich unter diesem Blick in Missgestalten.[45]

Unter **Groteske** versteht man eine verzerrende Darstellungsweise in der Literatur oder der bildenden Kunst, die Gegensätze wie Grauen und Komik oder Lächerlichkeit und Bedrohung auf paradoxe Weise zusammenbringt.

Ein weiteres komisches Gestaltungsmittel in *Der Verlorene* ist die **Übertreibung**. Diese wird schon auf den ersten Seiten der Erzählung deutlich. Während das große Foto von Arnold einen zentralen Platz im Fotoalbum hat, gibt es von dem Ich-Erzähler nur winzige Aufnahmen, auf denen z. B. „nur der Kopf" zu erkennen ist, der aber „teilweise verdeckt" ist, sodass am Ende von ihm „nur das rechte Auge zu sehen war" (S. 8). Durch diese **Zuspitzung des Kaum-vorhanden-Seins** auf den Fotos, eine Art Anti-Klimax, wird der Ich-Erzähler **fast zum Verschwinden gebracht**, was seine **Selbstwahrnehmung als Außenseiter** in der Familie unterstreicht.

Ganz ähnlich ist das Verfahren des Ich-Erzählers, eine **Behauptung** zu **relativieren oder** ganz **zurückzunehmen**, z. B. wenn er von seinen „schönsten Kindheitserinnerungen" (S. 23) erzählt. Dies seien die Sonntage gewesen, bei denen er nicht an den Spaziergängen teilnehmen musste und die er allein im Haus verbringen durfte. Genauer gesagt, „der erste Sonntag" und „im wesentlichen die erste Viertelstunde [...], während der ich mich rundum glücklich und frei gefühlt habe" (S. 23). Die „schönst[e] Kindheitserinnerun[g]" dauert also gerade 15 Minuten, dann stellt sich wieder „ein bedrückendes Gefühl von Beklemmung und Verlassenheit ein" (S. 23).

Mit den Mitteln der Übertreibung und Relativierung beschreibt der Ich-Erzähler „**seine Situation als elend, dass es schon wieder lachhaft ist**"[46]. So kann die Mutter aus dem Schweinekopf, den es im Frühjahr und Herbst zu seinem Leidwesen gibt, so viele Mahlzeiten herstellen, „daß wir uns beinahe das ganze Jahr über von den Schweinekopf- und Schweineblutprodukten ernährten" (S. 42). Komisch wirkt auch der **Zusammenhang zwischen dem Aufstieg des Vaters**, ablesbar anhand der zunehmenden Größe der Automobile, **und dem zunehmenden Brechreiz des Sohnes** (siehe *Interpretationshilfe*, S. 33).

Eine komische Figur ist in der Erzählung die Schwester des Vaters, Hilde, an der eine weitere Wirkungsweise der Komik deutlich gemacht werden kann. Eine **in Tugendhaftigkeit erstarrte Person**, die an sich schon komisch wirkt, gerät in **Kollision mit den Verlockungen des Lebens**. Die zwei sich widersprechenden Interessen führen zu einer absurden Lösung, die die Komik auf die Spitze treibt: Einerseits ist das Fernsehen für die fromme Tante, die allein nach den Wochenlosungen des Kirchenblättchens ihr Leben ausrichtet, eine „Erfindung des Teufels" (S. 28), andererseits „machte sie der Fernseher neugierig" (S. 29). Sie löst den Konflikt, indem sie sich mit dem Rücken zum eingeschalteten Apparat setzt und der Familie beim Zuschauen zusieht, **was selbst den Vater freut**, „der sich über nichts so amüsieren konnte wie über die Versuchungen, denen sich seine fromme Schwester ausgesetzt sah" (S. 29).

Die tragikomische Gestaltung bewirkt, dass der Leser einerseits **Mitleid mit der traurigen Situation** des Ich-Erzählers und seiner Familie empfindet, andererseits manchmal schmunzeln muss über seinen und Treichels spitzfindigen Humor. Beides sorgt für eine **Identifikation des Lesers** mit dem Erzähler.

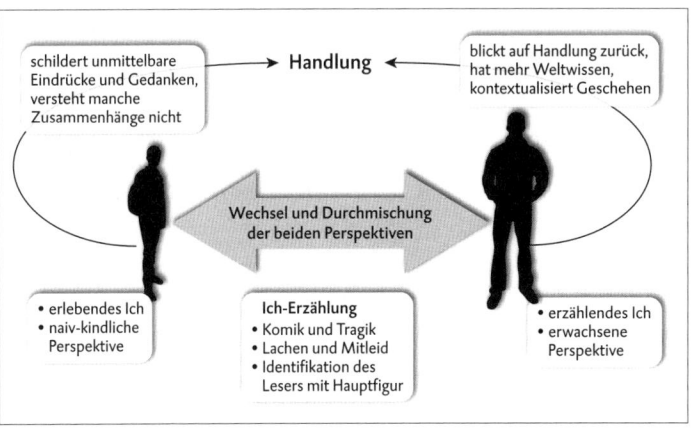

schildert unmittelbare Eindrücke und Gedanken, versteht manche Zusammenhänge nicht

Handlung

blickt auf Handlung zurück, hat mehr Weltwissen, kontextualisiert Geschehen

Wechsel und Durchmischung der beiden Perspektiven

- erlebendes Ich
- naiv-kindliche Perspektive

Ich-Erzählung
- Komik und Tragik
- Lachen und Mitleid
- Identifikation des Lesers mit Hauptfigur

- erzählendes Ich
- erwachsene Perspektive

Sprache und Stil

Rhetorische Stilmittel werden in *Der Verlorene* recht sparsam verwendet, es herrscht ein **sachlich-nüchterner Ton** in der Erzählung vor. Es ist eine „präzise, scheinbar spröde Sprache, mit der Treichel die Gegenstände spiralförmig umkreist"[47], wodurch der Text für den Leser **nie in larmoyantes Selbstmitleid** verfällt. Mithilfe der komischen Elemente wird alles Bleischwere vermieden. Wo dennoch rhetorische Stilmittel zum Einsatz kommen, entfalten diese umso mehr Wirkung (siehe *Interpretationshilfe*, S. 69 f.). Sprachliche Auffälligkeiten in *Der Verlorene* zeigen sich aber vor allem auf der **Ebene der Syntax und der Wortwahl**.

So gibt es neben den beiden zentralen Begriffen Schuld und Scham – die z. B. auf S. 17–19 mit ihren Verb- und Adjektivformen ca. 20-mal verwendet werden – eine ganze Reihe weiterer Begriffe aus diesem **Wortfeld**, die der Erzähler verwendet, um **seinen Seelenzustand und den seiner Eltern zu beschreiben**. Die Vielzahl dieser Begriffe sorgen für den **beklemmenden Grundton der Erzählung**, der aber dann wieder durch komische Elemente (siehe *Interpretationshilfe*, S. 62 ff.) konterkariert wird.

Wortfeld: negative Emotionen in *Der Verlorene*

Bedrückung, Pein, Beklemmung, Verlassenheit, Schande, Einsamkeit, Angst, Erstarrung, Verlegenheit, Beschämung, Bedrängung, Traurigkeit, Verstörung, Ekel, Enttäuschung, Verzweiflung, Unbehagen, Schmerz, Qual, Betrübung, Bloßstellung, Verkrampfung, Schock, Schwermut, Furcht, Anspannung, Verwirrung, Kränkung, Schrecken…

Eine typische sprachliche Methode Treichels, die Absurdität der Nachkriegszeit darzustellen, zeigt sich in der Rede des grotesk-komischen Leichenwagenfahrers, der sich geschwätzig über Gott und die Welt auslässt. Dabei gibt Treichel die Aussagen bevorzugt **im distanzierenden Konjunktiv der indirekten Rede** wieder und **wiederholt Schlüsselwörter** so lange, bis sie sati-

risch verfremdet klingen, wie z. B. bei den Ausführungen des Leichenwagenfahrers zur Qualität von Kantinen:

> *Die Finanzbeamten würden ganz andere Dinge essen, Cordon bleu zum Beispiel [...]. Cordon bleu etwa habe er in noch keiner anderen Kantine entdeckt, die Kantine der Oberfinanzdirektion sei die einzige, in der man Cordon bleu essen könne, was in gewisser Weise auch seine Lieblingsspeise sei. Wenn Cordon bleu auf der Speisekarte stehe, dann bestelle er Cordon bleu.* (S. 99)

Makaber wird es, wenn Treichel diese Figur im gleichen sprachlichen Gestus wenig später über die neuen Öfen des Krematoriums referieren lässt:

> *Mit den Öfen stehe und falle alles. Taugten die Öfen nichts, tauge das ganze Krematorium nichts. Die neuen Öfen seien allerdings phantastisch [...].* (S. 106)

Diese Öfen seien so fantastisch, dass der Direktor ihm kürzlich demonstriert habe, „wie sauber, perfekt und hygienisch seine Verbrennungsöfen arbeiteten" (S. 106). Der Direktor habe

> *eines der Knöchelchen in den Mund genommen und darauf herumgebissen und ihn, den Leichenwagenfahrer, gefragt, ob er es auch einmal versuchen wolle [...]. Er habe aber dankend abge lehnt [...], alles habe seine Grenzen [...].* (S. 106 f.)

Beim Leser werden mit dem Krematorium unwillkürlich **Bilder des Holocausts** oder des Vernichtungslagers von Auschwitz hervorgerufen. Treichel **verzichtet** hier aber **auf jegliches Moralisieren**. Er zeigt vielmehr nur mit sprachlichen Mitteln und auf sarkastisch-ironische Weise, wie in der Bundesrepublik der 1950er-Jahre die **NS-Vergangenheit** zwar **verdrängt** wurde, aber dennoch **überall präsent** war.

Diese Passagen erinnern an **Thomas Bernhards mäandernden Sprachstil**. Als Beispiel sei ein Auszug aus dessen Roman *Das Kalkwerk* (1970) angeführt, in dem die Aussagen des Protagonisten Konrad über die Wirkung von kleinen und großen Räumen ebenfalls in der indirekten Rede wiedergegeben werden:

[W]ährend er in kleinen Zimmern immer das Gefühl habe, ersticken zu müssen, wie er auch in Gebirgstälern und deshalb in Toblach immer das Gefühl habe, ersticken zu müssen, habe seine Schwester, die an Toblach gewöhnt sei, in großen Zimmern Angst, von der Größe der Zimmer erdrückt zu werden, in großzügigen Landschaften das Gefühl, von der Größe der Landschaft erdrückt zu werden, unter einem riesigen Firmament das Gefühl, von diesem riesigen Firmament erdrückt zu werden, wie auch unter einem großen Menschen von diesem großen Menschen erdrückt zu werden. Deshalb glaube er ja auch im Zuhaus immer, ersticken zu müssen, habe Konrad gesagt, längere Zeit im Zuhaus, soll er gesagt haben, und ich ersticke [...].[48]

Thomas Bernhard (1931–1989) war ein österreichischer Schriftsteller, der für seine provokativ-zynischen Aussagen – gegenüber der Politik, der Kirche und dem Kulturbetrieb – bekannt war. Sein Sprachstil ist geprägt von Wiederholungen und Variationen, die musikalischen Prinzipien folgen. 1970 wurde er mit dem renommierten Georg-Büchner-Preis ausgezeichnet. Zu seinen wichtigsten Werken zählen der Roman *Holzfällen* (1984) und das Drama *Heldenplatz* (1988).

Im Folgenden erhalten Sie einen tabellarischen Überblick über einige markante Stilmittel, die Treichel in *Der Verlorene* verwendet. Beachten Sie, dass Sie bei der Analyse bzw. Interpretation eines literarischen Textes nicht nur die jeweilige **Textstelle anführen** und das entsprechende **Stilmittel korrekt benennen** sollen, sondern dass Sie die Wirkung des Stilmittels funktional beschreiben müssen: Vermeiden Sie abstrakte Aussagen wie z. B.: „Durch dieses Stilmittel will der Ich-Erzähler seine Aussage verstärken". Stellen Sie vielmehr heraus, **welche konkrete Funktion das Stilmittel in diesem Kontext für den jeweiligen Inhalt** hat. Warum wird der Satz sprachlich genau so ausgedrückt und nicht anders? Die Spalte „Wirkung" in der nachfolgenden Tabelle liefert Ihnen Beispiele hierfür.

Beispiel	rhetorisch-sprachliches Mittel	Wirkung
„Die **schönste Strafe**, die mir die Eltern androhten […]." (S. 20)	**Oxymoron**	Der Erzähler verdeutlicht mit dem Oxymoron auf unterhaltsame Weise, dass der Hausarrest, mit dem ihn seine Eltern eigentlich bestrafen wollen, für ihn keine Bestrafung, sondern sogar eine Belohnung darstellt, da er nun endlich Zeit für sich hat.
„Als ich den Vater fragte, wodurch sich ein besonders **schöner Schweinekopf** von einem weniger **schönen Schweinekopf** unterscheide, sagte er, daß ein besonders **schöner Schweinekopf** eben ein gleichmäßig ausgereifter **Schweinekopf** sei, wogegen ein weniger **schöner Schweinekopf** eben ein nur ungleichmäßig ausgereifter **Schweinekopf** sei." (S. 39)	**Wiederholung**	Durch die Wiederholung des Wortes „Schweinekopf" in Kombination mit dem Adjektiv „schön" wird eine komische und eindringliche Wirkung erzielt. Denn als Leser käme man wohl nicht auf die Idee, den Kopf eines geschlachteten Tieres als schön zu bezeichnen.
„‚Der Junge', sagte der Vater, ‚ist dir **wie aus dem Gesicht geschnitten**'. Eine Vorstellung, die mir […] großes physisches Unbehagen bereitete […]." (S. 55)	**wörtlich genommene Metapher**	Die metaphorische Redewendung versteht der Junge wortwörtlich, sodass eine groteske Wirkung entsteht.
„**Der Tod hatte** ein gerötetes Gesicht und bräunliche Zähne […]. […] **Der Tod benutzte** eine Frisiercreme." (S. 104 f.)	**Personifizierung, metaphorische Umschreibung**	Die Personifizierung des Todes wirkt komisch und anschaulich. Durch die Umschreibung wird auch deutlich, wie der Leichenwagenfahrer auf den Erzähler wirkt.
„[D]ie Mutter […], die in einem **Nebel von Traurigkeit** verschwand." (S. 139)	**Metapher**	Die Nebel-Metapher veranschaulicht die Abschottung der depressiven, hilflosen Mutter.

„Ein Bauer aus Rakowiec verläßt sein Haus nicht freiwillig. **Wer sein Haus verläßt**, der versündigt sich. **Wer sein Haus verläßt**, dem lauern die Russen auf. **Wer sein Haus verläßt**, dem wird sein Haus geplündert und zerstört" (S. 122) „**Er brauchte** nicht aufzuräumen, **er brauchte** keine Hausaufgaben zu machen, **er brauchte** kein gescheites Kerlchen zu sein […]." (S. 121)	**Anapher, Wiederholung**	Der gleiche Anfang mehrerer aufeinanderfolgender Sätze wirkt eindringlich. Die Ausführungen über das Verlassen des Hofes bekommen dadurch schon fast die Kraft eines Naturgesetzes.
„Wäre es nach mir gegangen, dann hätte ich ihr Arnold ohne weiteres ersetzt. Essen konnte ich für zwei. Fernsehen auch. Schlechte Noten brachte ich ebenfalls in ausreichendem Maße nach Hause. Dazu brauchte es keinen Arnold." (S. 140)	**Ironie**	Die selbstironische Charakterisierung des Ich-Erzählers – er zählt seine Defizite auf, als seien es Vorzüge – ist einerseits tragisch, hat aber auch eine unterhaltende Wirkung.
„Ganz offensichtlich handelte es sich bei dem Abschluß- befund um einen **nichtab- schließenden Abschluß- befund** […]" (S. 153)	**Paradoxie**	Der Abschlussbefund, der nicht abschließend ist, entlarvt die Pseudowissenschaftlichkeit der anthropometrischen Untersuchungen.
„Arnold hatte **1 Tor ge- schossen – die anderen 370.**" Arnold hatte „**haus- hoch verloren**, was ich nicht sehr bedauerte." (S. 157).	**Vergleich**	Der eigentlich unpassende Vergleich eines statistischen Gutachtens mit einem unrealistischen Ergebnis eines Fußballspiels wirkt unterhaltend und anschaulich.

5 Interpretation von Schlüsselstellen

Das Schweinekopfessen (S. 38–45)

Als der Fernsehkoch Tim Mälzer im Januar 2016 einen Schweinekopf auf Facebook postete und sich für die **kulinarische Verwertung des Tieres** von der Schnauze bis zum Schwanz einsetzte, ging ein Shitstorm über ihn nieder und man warf ihm „Geschmacklosigkeit und Perversion"[49] vor. Für den aus bäuerlichen Verhältnissen stammenden Vater des Ich-Erzählers ist es noch ganz selbstverständlich, dass ein geschlachtetes Schwein vollständig verwertet wird.

Aber es hatte wohl auch mit seiner bäuerlichen Herkunft zu tun, daß Fleisch und Wurst für ihn nicht etwa Reste eines Schlachttieres waren, sondern etwas höchst Lebendiges. (S. 38)

Wenn er im Frühjahr und Herbst mit einem frischen Schweinekopf, der für ihn eine Delikatesse ist, nach Hause kommt, „mußten sich die Familienmitglieder in der Küche versammeln und den Schweinekopf betrachten" (S. 38 f.). Ausführlich erläutert er seinem Sohn, was einen „schönen Schweinekopf" (S. 39) ausmacht. Insgesamt **benutzt** der Autor in dieser Passage **das Wort „Schweinekopf" 24-mal**.

Durch diese übertriebene Wiederholung und die Aufzählung, welche Speisen daraus gewonnen werden können („Schweinebacke und Schweinezunge, Schweineohren und Schweineschnauze, Schweinekopfbrühe und Schweinekopfpaste", S. 41), sowie deren verschiedener Zubereitungsarten („gegrillt, gekocht oder gebraten, gedörrt oder eingemacht", S. 41) wirkt diese Textstelle bereits komisch (siehe *Interpretationshilfe*, S. 62 ff.). Die **Übertreibung wird noch gesteigert**, wenn zum Verzehr eines Schweinehirns, von dem nicht einmal eine dreiköpfige Familie satt würde, noch Bekannte aus dem Osten eingeladen werden.

Nie geht es im Elternhaus des Ich-Erzählers so „heiter und ausgelassen" (S. 43) zu wie bei diesem Festessen. Das Verspeisen von Schweinehirn löst „bei dem Vater und seinen Gästen regelrechte Heiterkeitsräusche aus" (S. 43). Mit der **Metapher „Heiterkeitsräusche"** assoziiert der Leser sofort die Wirkung von alkoholischen Getränken. Die Gäste berauschen sich jedoch ausschließlich am **Reden über das Essen und das Schlachten**, zum Beispiel an der „Geschichte von dem kopflosen und blutsprudelnden Huhn [...], das der im Gartenstuhl vor sich hin träumenden Großmutter auf den Schoß sprang" (S. 44).

An diesem Tag, der ihn „an die Schlachttage auf dem Bauernhof seiner Eltern erinnerte" (S. 42), kann der sonst **jähzornige Vater zur Ruhe kommen** und hat in seinen Augen einen „versöhnlichen Glanz", sodass sein Sohn für kurze Zeit glaubt, sich „nie wieder vor ihm fürchten zu müssen" (S. 44).

Doch auch diese Passage der Erzählung, in der von den **wenigen Glücksstunden in der Familie** die Rede ist, schlägt in Unglück um, und die **Komik kippt ins Grauen**. Der Sohn wagt nicht einmal zu hoffen, vom Vater von dem für ihn ekelhaften Schweinehirnessen befreit zu werden. Denn dieser hat die plump-naive Vorstellung, „**Hirn macht klug**" und „in den Augen des Vaters fehlte mir nichts so sehr wie eine anständige Portion Hirn" (S. 42). In dieser verächtlichen Äußerung wird das **negative Bild, das der Vater von seinem Zweitgeborenen hat**, deutlich, zu dem er nie eine emotionale Beziehung aufbauen kann (oder will) und mit dem er nur mittels Befehlen und Anweisungen kommuniziert (siehe *Interpretationshilfe*, S. 38 ff.).

Der Sohn hat nach diesen Abenden **Albträume voller Gewaltexzesse**. Er verbringt ganze Nächte damit,

> *gegen meinen Willen Hühnern den Kopf abzuhacken, Tauben den Hals umzudrehen, Kaninchen den Schädel einzuschlagen und Schweinen ein Messer in den Hals zu stoßen.* (S. 44)

Auch die Mutter kann an den „Heiterkeitsräuschen" nicht teilhaben, sie sitzt „**still und in sich gekehrt**" (S. 44 f.) dabei und büßt auch Tage danach noch für „das gute Essen und das Gelächter mit einem Schweigegelübde" (S. 45). Der **Vater und seine Gäste verstummen** ebenfalls am Ende des Festes. Haben sie sich von der gedrückten Stimmung der Mutter anstecken lassen? Oder reicht der Themenvorrat über Anekdoten vom Schlachten nicht hinaus? Dies ist eine der vielen **Leerstellen** der Erzählung, die dem Leser Platz für Spekulationen lassen. Die Kommunikationslosigkeit innerhalb der Familie – also auf der Handlungsebene – findet so gewissermaßen ihre Entsprechung auf der Erzählebene: Viele **Zusammenhänge bleiben unerklärt**.

Der Spaziergang in Heidelberg (S. 117–123)

Dies ist die einzige Szene in der Erzählung, die nicht in geschlossenen Räumen spielt. Sie ist exemplarisch für das **Verhältnis zwischen dem Erzähler und seinen Eltern**. Der Erzähler versucht zu Beginn, den Eltern bei einem Spaziergang durch Heidelberg von seinen **schmerzhaften Erfahrungen** bei der anthropologischen Untersuchung zu berichten, weil er „gern ein wenig bedauert worden" (S. 117) wäre, aber der Vater **schneidet ihm barsch das Wort ab**: „Genug jetzt!" (S. 118)

Blick auf die Altstadt von Heidelberg mit der Karl-Theodor-Brücke und dem Schloss

Als sie die Karl-Theodor-Brücke, eines der Wahrzeichen Heidelbergs, erreichen, berichtet die Mutter, dass diese Brücke sich durch „besondere Schwingungen auszeichne" (S. 118). Sie hat offenbar die **Information** aus einem Stadtprospekt **falsch verstanden**, denn eine „massive Steinbrücke" (ebd.) kann nicht in Schwingungen versetzt werden. Gemeint ist vielmehr, dass die mittleren Brückenbögen, die deutlich erhöht sind, der Brücke eine geschwungene Silhouette verleihen. Folglich kann der Erzähler die Schwingungen der Brücke nicht spüren, aber er kann mit seinen sensiblen Antennen wahrnehmen, wie der **Vater den Arm um die Schulter der Mutter legt,** die mit ihrem Kopf leicht die Schulter des Vaters berührt. Eine solche zärtliche Geste hat er noch nie bei seinen Eltern gesehen und das macht ihn aus „irgendeinem Grund [...] traurig" (S. 119). Er fühlt sich wohl **ausgeschlossen, nicht dazugehörig.**

Der Ich-Erzähler versucht, mit wilden Sprüngen die Brücke „doch noch in Schwingungen zu versetzen" und hätte „auch nichts dagegen gehabt, wenn die Brücke eingestürzt wäre" (ebd.). Die Traurigkeit schlägt also um in einen **Wunsch nach Zerstörung.** Treichels Sinn für Komik verhindert aber im Folgenden, dass die Geschichte in schwermütige Düsternis abgleitet. Er lässt den Ich-Erzähler – hier ganz der **erlebende, naive Erzähler** – seine gerade bei der anthropometrischen Untersuchung erworbenen **Kenntnisse auf die allegorischen Figuren anwenden,** die um das Standbild des Kurfürsten Karl-Theodor angebracht sind. Der Erzähler „hätte nicht wenig Lust gehabt, bei dem nackt dahingelagerten Flußgott Rhein einmal die Bauchfettzange anzusetzen, um den Rohrerindex zu bestimmen" (ebd.). Die tiefe Rinne auf dessen Nase lässt ihn vermuten, dass bei der Bestimmung der Nasenbeinlänge das falsche Instrument benutzt wurde.

Seine witzigen Beobachtungen stoßen bei den Eltern jedoch wiederum auf **keinerlei Interesse,** sie werden konsequent ignoriert. **Heimlich belauscht er** das **Gespräch der Eltern**, die sich darüber auslassen, wer es am schwersten hat. Die Worte des Vaters, dass er, der Erzähler, es am einfachsten habe, gehen ihm nicht aus dem Kopf. Schließlich ist er „immer davon ausgegangen, daß [er] es am schwersten hatte" (S. 121). Mithilfe einer dreifachen **Anapher** schildert er nun eindringlich, **warum es** seiner Ansicht nach **Arnold am einfachsten hat:**

> *Er brauchte nicht aufzuräumen, er brauchte keine Hausaufgaben zu machen, er brauchte kein gescheites Kerlchen zu sein [...]. (Ebd.)*

Daran schließt sich ein **Parallelismus in Form von drei Konditionalsätzen** an, die nochmals nachdrücklich betonen, warum sich alles um Arnold, den Erstgeborenen, dreht:

> *Wenn die Mutter traurig war, dann war sie wegen Arnold traurig. Wenn der Vater nach Heidelberg fuhr, dann fuhr er wegen Arnold nach Heidelberg. Und wenn wir jetzt das Schloß besuchten, dann taten wir dies nur wegen Arnold. (Ebd.)*

Das Schloss ist für den Vater aber lediglich eine „Kriegsruine" (ebd), egal ob sie von Kanonenkugeln oder Bomben zerstört wurde. „Krieg ist Krieg" (S. 122) für ihn, und davon hat er mehr als genug gehabt. Und so endet die Reise nach Heidelberg, die einzige längere Reise, die der Erzähler mit seinen Eltern macht. Sie zeigt, wie der Ich-Erzähler den Eltern andauernd von seinen Erlebnissen und seinen Gefühlen erzählen will, wie er förmlich um ihr Mitleid, um ihre Zuneigung und **um ihre Aufmerksamkeit bettelt.** Er wird aber wie immer **nicht beachtet.**

Die Begegnung mit Heinrich (S. 167–175)

Die Fahrt ins Weserbergland mit dem Besuch des Findelkindes 2307 ist die Szene, auf die die ganze Erzählung hinausläuft und die viele Themen und Motive noch einmal abschließend und in gesteigerter Form aufgreift. In ihr kommen auch die **Wesens-**

merkmale der Figuren und die **gestörten Beziehungen zwischen ihnen** erneut besonders deutlich zum Ausdruck. Wichtigstes Thema ist dabei das **Ende der Suche nach dem verschollenen Sohn.** Endlich soll die Mutter ihren Erstgeborenen wiedersehen, endlich will sie Gewissheit haben, dass er noch lebt. Herr Rudolph hat auf dem Dienstweg seinen Aufenthaltsort und die Adresse der Adoptiveltern herausgefunden. Er will der Mutter den Wunsch, ihn wenigstens einmal zu sehen, erfüllen.

Der Ich-Erzähler ist über diesen Besuch nicht begeistert, sondern **tief gekränkt**, weil die Mutter sich immer noch nicht mit den Tatsachen abfindet. Er ist auf sie und Arnold **wütend**, weil er selbst – wie in allen anderen Phasen seines Lebens auch – **übersehen und nicht wahrgenommen** wird. Und er ist jetzt auch noch **eifersüchtig** auf Herrn Rudolph, da die Mutter diesen so umarmt, wie sie den Erzähler nie umarmt hat (vgl. S. 167).

Es stellt sich aber heraus, dass seine Eifersucht wenig begründet ist, denn auf seine Frage nach möglichen Heiratsabsichten der Mutter erfährt er von ihr bei einem Tankstopp, dass Herr Rudolph zwar schon vor längerer Zeit einen Heiratsantrag gemacht hat, die Mutter ihn aber nicht annehmen wird, „obwohl sie ja sagen wolle" (S. 171). Dieser Verzicht wirkt auf den Leser wie eine **Selbstbestrafung der Mutter.** Sie ist offensichtlich der Auffassung, dass sie nicht glücklich sein darf, solange sie ihre Schuld, ihr Kind weggegeben zu haben, nicht gesühnt hat.

Die Reaktion des Erzählers zeigt eine große **Ambivalenz gegenüber seiner Mutter:** Zwar spürt er, dass er sie jetzt trösten müsste, ist dazu aber nicht in der Lage, weil zu viel Groll die **Beziehung zu ihr vergiftet** hat. „Sollte Arnold sie doch trösten [...] oder das Findelkind 2307, oder Heinrich der Fleischer" (S. 171), denkt er, und verspürt deswegen sofort wieder Schuld und Scham, „die ich immer spürte, wenn die Mutter traurig war, und die es mir unmöglich machte, der Mutter auch nur das geringste Zeichen von Nähe zu zeigen" (ebd.). **Schuld und Scham** sind hier also sowohl die **Ursache als auch** die **Folge** seines Unvermögens, die Mutter zu trösten. Aus diesem Kreislauf gibt es keinen Ausweg, da zwischen ihm und ihr der erstgeborene Sohn steht, der verhindert, dass sich der Erzähler der Mutter nahe fühlen kann.

Arnold hat sich damit für den Ich-Erzähler „auf wunderbare Weise verdreifacht", in „Arnold", „Findelkind" und „Heinrich" (S. 171). Er ist für ihn endgültig eine **übermächtige Figur** geworden, ein „Wichtigtuer", der jetzt Heinrich heißt und Fleischer wird. „Ausgerechnet Heinrich und ausgerechnet Fleischer" (S. 168), denkt er und muss dabei grinsen. Wahrscheinlich ist es für ihn eine **Ironie des Schicksals**, dass sich die väterlichen Gene bei dieser Berufswahl offenbar durchgesetzt haben und dass der altdeutsche Name dem Vater sicher auch gefallen hätte.

Bei der Fahrt im Admiral befällt ihn auch sogleich wieder die **Trigeminusneuralgie.** Die Schmerzblitze, die sein Gesicht zu einem bösartigen Grinsen verziehen, machen Herrn Rudolph ebenso wütend wie früher den Vater, was umgekehrt dafür sorgt, dass der eigentlich freundliche **Herr Rudolph dem Ich-Erzähler sofort unsympathischer** wird.

Auch das andere psychosomatische Symptom, das ihn bei allen Autofahrten verfolgt hat, meldet sich wieder: Als er durch die Schaufensterscheibe der Fleischerei das Findelkind erblickt, überkommt ihn der **Brechreiz** („Ich spürte einen aufsteigenden Druck in der Magengegend", S. 174). Dieses Mal gibt es dafür einen ganz konkreten Grund: Er bemerkt sofort die **Ähnlichkeit mit Heinrich** und sieht „[s]ein eigenes, nur um Jahre älteres Spiegelbild" (S. 174). Diese Textstelle verweist zurück auf die Szene, als er zum ersten Mal von dem Findelkind erfahren hat und fortan in eine **Identitätskrise** geraten ist:

Ich wollte niemandem ähnlich sein, und schon gar nicht meinem Bruder Arnold. Die angeblich verblüffende Ähnlichkeit hatte

> *die Wirkung, daß ich mir selbst immer unähnlicher wurde. Je-*
> *der Blick in den Spiegel irritierte mich. Ich sah nicht mich, son-*
> *dern Arnold [. . .].* (S. 57 f.)

Die Ähnlichkeit fällt jedoch nicht nur dem Erzähler auf, denn
auch **Heinrich wird „fahl** [...] **und bleich im Gesicht"** (S. 174).
Seine Körperreaktion drückt aus, dass er offenbar selbst durch
die Schaufensterscheibe die **Situation** sofort **erfasst** und seinen
möglichen Bruder erkannt hat. Hier wird also deutlich, dass
Heinrich bzw. das Findelkind 2307 sehr wahrscheinlich der ge-
suchte Arnold ist. Nachträglich werden sämtliche Untersuchungen Lügen gestraft. Ein Blick genügt und es herrscht Klarheit. Es
bewahrheitet sich, was der Vater über den Moment gesagt hat,
als die Eltern das erste Mal ein Foto vom Findelkind 2307 gesehen habe: „In solchen Dingen [spricht] der Instinkt und nicht der
Verstand." (S. 53)

Nur die Mutter scheint nichts zu bemerken. Sie reagiert völlig
unerwartet, indem sie den Befehl gibt: „Mach das Fenster zu.
Wir fahren." (S. 175) **In erlebter Rede** fragt sich der Erzähler:
„Sah sie nicht, was ich sah? Erkannte sie ihr eigenes Kind nicht
mehr wieder?" (S. 174) Da eine Ich-Erzählung vorliegt, erfahren
wir nur die Gedanken des jüngeren Sohnes. Was wirklich in der
Mutter vorgeht, bleibt dem Leser verborgen.

Es bleibt sogar offen, ob die Mutter überhaupt hingesehen
hat, und falls sie hingeschaut hat, ob sie in dem jungen Mann
ihren Sohn erkannt hat oder nicht. Dem Leser ist es überlassen,
Gründe für das merkwürdige Verhalten der Mutter und für
die **Reaktion des Erzählers** zu finden. Will sie weiter in der für
sie inzwischen zur Gewohnheit gewordenen **Opferrolle** ver-
harren? Oder wird ihr jetzt bewusst, dass sie jahrelang einem
Phantom nachgejagt ist? Dass sich das Leben nicht zurück-
drehen lässt und sie auch dann für Arnold keine Mutter mehr
sein könnte, wenn er als ihr Sohn identifiziert und ihr zugespro-
chen werden würde? Dass er nun ein erwachsener Mann ist und

kein 15 Monate altes Baby mehr? Oder dringt die **Rechtslage**, nach der sie keine Möglichkeit mehr hat, ihren Sohn zu bekommen, erst jetzt in ihr Bewusstsein vor? Und warum weist der Erzähler seine Mutter auf die Ähnlichkeit nicht hin, sondern schweigt?

Ich wollte der Mutter sagen, ich wollte sie anflehen, daß sie endlich aussteigen und endlich hineingehen solle zu ihm. Doch ich mußte atmen und konnte nichts sagen. (S. 174 f.)

Der Autor lässt aber nicht nur die **Gründe für die Reaktionen der Beteiligten im Dunkeln**, sondern auch den Fortgang der Geschichte nach der Autofahrt. Wurde durch die Begegnung ein Kapitel abgeschlossen? Kann danach etwas Neues beginnen? Oder bleibt das schreckliche Trauma weiterhin unbewältigt? Der **offene Schluss** der Erzählung scheint keine Antwort darauf zu geben.

In der Inszenierung von Boris von Poser (Sophiensaele Berlin, 2003) erinnern die hohen sterilen Kachelwände an das Labor oder das Kühlhaus aus der Erzählung. Die Gefühlskälte innerhalb der Familie und die Einsamkeit des jüngeren Sohnes (Thomas Schweiberer) kommen dadurch noch deutlicher zum Ausdruck.

Rezeption

Hans-Ulrich Treichels Erzählung *Der Verlorene* wurde nach ihrem Erscheinen im Jahr 1998 fast durchweg **positiv in den großen Feuilletons besprochen**. Das ist umso bemerkenswerter, als von dem Autor Treichel zu diesem Zeitpunkt nur drei dünne Lyrikbände und zwei wenig bekannte Prosabändchen erschienen waren. Aber offenbar traf dieses Buch in dem Jahrzehnt nach der Wiedervereinigung den **Nerv einer Zeit**, in der sich zunächst v. a. Psychotherapeuten und Psychiater der Erforschung von **Kriegstraumata und deren Folgen** zuwandten und eine umfangreiche Literatur zu diesem Thema entstand.[50] Viele Rezensenten stellen Treichels Erzählung in diesen Kontext. So schreibt Volker Hage im *Spiegel*:

> *Das Buch ‚Der Verlorene‘, die genaue und sensible Erkundung eines bislang weitgehend tabuierten Erzählterrains – der Traumata der Flucht als Folge des verlorenen Krieges –, weist ohne jeden Fingerzeig über das individuelle Schicksal dieses einen Falles hinaus.*[51]

Und auch andere Rezensenten betonten, dass *Der Verlorene* „eines der ersten Bücher" ist,

> *das Deutsche in der Rolle von Opfern von Weltkrieg und Geschichte schilderte. Es markiert eine neue Debatte um das deutsche Selbstverständnis.*[52]

Die **Enttabuisierung der erlittenen Kriegstraumata** findet natürlich auch Zustimmung von zweifelhafter Seite. So lobt Doris Neujahr in der umstrittenen rechts-konservativen Zeitung *Junge Freiheit* Treichel als einen „der wichtigsten deutschsprachigen Autoren des Jahrzehnts", der *mit einer seltenen Genauigkeit gezeigt [hat], wie die Folgen der Vertreibung der Bundesrepublik einen nachhaltigen Stempel aufdrückten. Auch gibt es nur wenige literarische Texte, in denen der Elterngeneration soviel einfühlendes Verständnis zuteil geworden ist wie hier. Was heute leichthin als Verdrängungsmentalität und Bigotterie der Adenauer-Ära verurteilt wird, liest sich bei Treichel als eine tragische und vielleicht alternativlose Überlebensstrategie.*[53]

In vielen Rezensionen wird auch auf die **mythologischen Bezüge** zur Geschichte vom verlorenen Sohn verwiesen und Treichels Story die **Fähigkeit zu einer antiken Tragödie** attestiert.

Das ist Stoff, aus dem sich antike Tragödien oder Shakespearesche Verwechslungskomödien machen ließen; bei Treichel ist eine deutsche Tragikomödie daraus geworden.[54]

Gleichzeitig heben fast alle Kritiker die **komischen Aspekte**, den „ironische[n] Tonfall"[55], die „schlackenlose, meisterhaft elegante Prosa"[56], die an Thomas Bernhard erinnere, hervor.

Hans-Ulrich Treichel [. . .] legt sich für seine autobiographischen Fiktionen zur Camouflage einen grimassierenden Stil zu. Aber hinter dem rhetorischen Grinsen – manchmal ein verschlagenes Kichern wie bei Thomas Bernhard zwischen zwei Wutanfällen – verbirgt sich ein ungeliebtes Kind, krank vor Kränkung und untröstlich.[57]

Verena Auffermann werden die Wiederholungen in der Erzählung manchmal zu viel. Treichel habe „sich **an Thomas Bernhards mäandernder Erzähltechnik verhakt**". Trotz „eines vermaledeiten Hangs zum übermächtigen Österreicher" lobt sie aber die „schön perfid[e] deutsch[e] Gruselgeschichte".[58] Nur der Kritiker der Zeitung *Neues Deutschland* konnte

die vom Verlag gepriesene Lakonie und Komik [. . .] im Buch kaum ausmachen. Zumal thematisch ähnliche Nachkriegsge-

schichten im Gedächtnis sind [. . .], gleichfalls, jedoch blutvoller, aus jugendlicher Sicht erzählt.[59]

Der Verlorene wurde ein großer Erfolg – 2016 erschien im Suhrkamp Verlag die 13. Taschenbuchauflage – und die Erzählung wurde **in 28 Sprachen übersetzt**. 2003 brachte Boris von Poser mit seiner Gruppe *NachTrauM* in Berlin

eine dicht an Treichels Wortlaut bleibende Theaterversion heraus [. . .]. Posers entscheidender Eingriff besteht darin, dass neben der berichtenden Einzelfigur nun auch weitere Personen, Vater und Mutter, erzählerisch in Erscheinung treten.[60]

2015 wurde Treichels Erzählung unter dem Titel *Der verlorene Bruder* **von Matti Geschonneck** mit Charly Hübner als Vater und Katharina Lorenz als Mutter **verfilmt**. Der damals 13-jährige Noah Kraus spielte den Ich-Erzähler, der im Film Max heißt. Das audiovisuelle Medium Film erfordert eine ganz andere Herangehensweise als das Medium Buch: So wurde Max z. B. eine Freundin ins Drehbuch geschrieben. Dadurch konnten **aus inneren Monologen Dialoge** entstehen.

Ein Film für ein größeres Fernsehpublikum verlangt auch einen gewissen Grad an Action. Ein **Spannungsbogen** wird im Film z. B. bei der Reise nach Heidelberg aufgebaut, als Max vor der Fahrt die **Bremsleitung des Opels durchschneidet**. Sein Versuch, die Untersuchungen damit zu torpedieren, geht jedoch glimpflich aus: Der Wagen macht sich erst selbstständig und landet auf einer Treppe, als die Eltern und Max im Institut sind. Im Film findet Max die Adresse des Findelkindes im Büro von Herrn Rudolph heraus, da dieser als allzu gewissenhafter Beamter sie der Mutter nicht mitteilt. Und Max ist es auch, der Heinrich in der Fleischerei aufsucht und sofort die Ähnlichkeit mit ihm bemerkt. **Wie im Buch bleibt** aber das **Ende offen:** Die Mutter gibt das Signal zum Aufbruch, ohne Heinrich in Augenschein genommen zu haben.

Literaturhinweise

Verwendete Textausgabe

TREICHEL, HANS-ULRICH: *Der Verlorene*, 13. Auflage, Frankfurt
a. M.: Suhrkamp 2016 (Taschenbuch 3061)
Auf diese Ausgabe beziehen sich alle Zitate und Textverweise.

Weiterführende Literatur

BASKER, DAVID (HRSG.): *Hans-Ulrich Treichel*, Cardiff 2004
Interview mit Hans-Ulrich Treichel und Analysen (zum Teil
in englischer Sprache)

KRÄTZER, JÜRGEN: *Deutungsansätze und Textstruktur*, in: Hans-
Ulrich Treichel: *Der Verlorene, Text und Kommentar*, 5. Auflage, Frankfurt a. M.: Suhrkamp 2016 (BasisBibliothek 60)
detaillierte, sehr wissenschaftlich ausgerichtete Interpretation
der wichtigsten Aspekte der Erzählung

VEDDER, ULRIKE: *NS-Medizin in Treichels Roman „Der Verlorene"*,
in: Stephan Braese (Hrsg.): *NS-Medizin und Öffentlichkeit*,
Frankfurt a. M. 2015
Die Verankerung der anthropologischen Gutachten in der Tradition der NS-Medizin wird hier deutlich herausgearbeitet.

Anmerkungen

1 www.uno-fluechtlingshilfe.de/fluechtlinge/zahlen-fakten/

2 H.-U. Treichel: *Auslöschungsverfahren*, München 1995, S. 29

3 H.-U. Treichel: *Der Entwurf des Autors*, Frankfurt a. M. 2000, S. 112

4 Ebd., S. 112

5 H.-U. Treichel: *Von Leib und Seele*, Frankfurt a. M. 1998, S. 7

6 H.-U. Treichel: *Der Entwurf des Autors*, Frankfurt a. M. 2000, S. 103

7 Ebd. S. 105

8 H.-U. Treichel in einem Interview mit R. W. Williams, in: David Basker (Hrsg.): *Hans-Ulrich Treichel*, Cardiff 2004, S. 21

9 H.-U. Treichel: *Der Entwurf des Autors*, Frankfurt a. M. 2000, S. 44

10 Ebd., S. 47

11 Ebd., S. 26 f.

12 Ebd., S. 25

13 Sebastian Schoepp: *„Seht zu, wie ihr zurechtkommt". Abschied von der Kriegsgeneration*, Frankfurt 2018

14 H.-U. Treichel in einem Interview mit R. W. Williams, in: David Basker (Hrsg.): *Hans-Ulrich Treichel*, Cardiff 2004, S. 23

15 Hans-Ulrich Treichel: *Anatolin*, Frankfurt a. M. 2009, S. 123

16 www.hdg.de/lemo/kapitel/nachkriegsjahre/alltag/flucht-und-vertreibung.html

17 Vgl. Ingeborg Jacobs: *Freiwild. Das Schicksal deutscher Frauen 1945*, Berlin 2008

18 http://www.spiegel.de/spiegelgeschichte/deutsche-fluechtlinge-nach-1945-ignoranz-und-fremdenfeindlichkeit-a-1190780.html

19 H.-U. Treichel: *Von Leib und Seele*, Frankfurt a. M. 1998, S. 7

20 Ebd., S. 8

21 Hans-Ulrich Treichel in einer Mail vom 30. 11. 2018 an H.-M. Ruopp

22 Goethe 1827 in einem Gespräch mit Johann Peter Eckermann

23 H.-U. Treichel in einem Interview mit R. W. Williams, in: David Basker (Hrsg.): *Hans-Ulrich Treichel*, Cardiff 2004, S. 22

24 Ebd., S. 23 f.

25 Ariane Pöhn: *Traumatisierung von Vergewaltigungsopfern*, Berlin 2010, S. 66

26 Chantal Louis: *Das vererbte Trauma*, in: *EMMA*, 1. 4. 2010

27 H.-U. Treichel in einem Interview mit R. W. Williams, in: David Basker (Hrsg.): *Hans-Ulrich Treichel*, Cardiff 2004, S. 21

28 www.bibel-online.net/buch/luther_1912/lukas/15

29 Franz Kafka: *Die Heimkehr*, Erzählungen II – Kapitel 6,
    in: http://gutenberg.spiegel.de/buch/erzahlungen-ii-9758/6

30 Ulrike Vedder: *NS-Medizin in Treichels Roman „Der Verlorene"*, in:
    Stephan Braese (Hrsg.): *NS-Medizin und Öffentlichkeit*, Frankfurt a. M.
    2015. S. 291

31 Ebd., S. 293

32 In der Erzählung stammt das erste Gutachten über die Fingerabdrücke
    und die Blutanalyse von der Universität Münster.

33 Vgl. http://lexikon.stangl.eu/9920/schuld/

34 Vgl. http://lexikon.stangl.eu/9920/scham/

35 Ebd. http://lexikon.stangl.eu/9920/scham/

36 H.-U. Treichel: *Grunewaldsee*, Berlin 2010, S. 64

37 H.-U. Treichel: *Der Entwurf des Autors*, Frankfurt a. M. 2000, S. 30

38 David Clarke: *Guilt and shame in „Der Verlorene"*, in: David Basker
    (Hrsg.): *Hans-Ulrich Treichel*, Cardiff 2004, S. 64 f.

39 Ebd., S. 76. Das Zitat lautet im englischen Original: „This individuali-
    zation of guilt and shame is the true provocation of Treichel's text."

40 „This ‚verborgene Raum' functions as a metaphor for the father's former
    life, to which the child does not have access and which the father wishes
    to cover over, even if, as the narrator claims, it continues to be somehow
    present after it has ceased to exist physically."
    In: David Clarke: *Guilt and shame in „Der Verlorene"*, in: David Basker
    (Hrsg.): *Hans-Ulrich Treichel*, Cardiff 2004, S. 66 f.

41 H.-U. Treichel: *Der Entwurf des Autors*, Frankfurt a. M. 2000, S. 16

42 Ebd., S. 21

43 Wilhelm Genazino: *Komisches Unglück*, in: *Frankfurter Rundschau*,
    25. 3. 1988

44 Ebd.

45 Jürgen Heizmann: *Komik, Ironie, Groteske: Hans-Ulrich Treichels
    Erzählung „Der Verlorene"*, in: Paul Michael Lützeler und Stephan
    Schindler (Hrsg.): *Gegenwartsliteratur 4/2005*, Tübingen 2005, S. 222

46 Ebd., S. 229

47 Thorsten Hinz: *Eine deutsche Parabel*, in: *Bayernkurier*, 30. 1. 1999

48 Thomas Bernhard: *Das Kalkwerk*, Frankfurt 1973, S. 29

49 https://www.stern.de/genuss/essen/tim-maelzer--auf-schweinekopf-
    posting-auch-positive-reaktionen---mehr-respekt-geht-nicht-
    6663538.html

50 Wie umstritten diese Forschung zunächst war, macht der folgende Text-
    ausschnitt deutlich:
    Prof. Dr. med. Hartmut Radebold, einer der frühen Protagonisten der

Kriegskinder-Forschung, erinnerte daran, „dass man sich noch in den Jahren 2000 bis etwa 2003 die Frage stellte, ob eine Forschung zu deutschen Kriegskindern ‚erlaubt' sei. Das Thema galt auch den über Jahrzehnten intellektuell tonangebenden ‚68ern' als tabu. Die Autorin Sabine Bode [...] berichtete [...], dass sie sich gegenüber ihren 68er Gesinnungsgenossen – sie ist Jahrgang 1947 – wegen ihres Interesses rechtfertigen musste. Ihre Argumentation: Auch wenn die Deutschen als Tätervolk unendliches Unrecht verursacht hätten und sich dessen bewusst sein müssten, so hätten doch die deutschen Kinder ihrerseits viel Leid erfahren, das es wert sei, gehört und erkannt zu werden. Leid gegen Leid könne, so die Autorin, niemals aufgerechnet und durch das Befassen mit den Kriegskindern nicht die Täterschuld relativiert werden."

In: Adelheid und Norbert Jachertz: *Kriegskinder: Erst im Alter wird oft das Ausmaß der Traumatisierungen sichtbar*, in: *Deutsches Ärzteblatt 14/2013*

51 Volker Hage: *Auf der Suche nach Arnold*, in: *Der Spiegel 13/1998*, 23. 3. 1998, S. 249

52 Steffen Richter: *Ein Lehrer für verdammt gute Autoren*, in: *NRZ*, 2. 2. 2007

53 Doris Neujahr [Pseudonym von Thorsten Hinz]: *Tragische Familienge-schichte*, in: *Junge Freiheit*, 24. 9. 1999

54 Gerhard Schulz: *Das dauerhafte Grinsen im Opel Admiral*, in: *FAZ*, 24. 3. 1998

55 Wilhelm Genazino: *Komisches Unglück*, in: *Frankfurter Rundschau*, 25. 3. 1988

56 Martin Ebel: *Die Suche nach dem Bruder*, in: *Stuttgarter Zeitung*, 5. 6. 1998

57 Sigrid Löffler: *Der untote Bruder*, in: *Die Zeit*, 26. 3. 1998

58 Verena Auffermann: *Das Gespenst der Familie*, in: *Süddeutsche Zeitung*, 7./8. 3. 1998

59 Hannes Würtz: *Findelkind 2307*, in: *Neues Deutschland*, 29. 5. 1998

60 Peter Hans Göpfert: *Bruderliebe mit Schweinskopf*, in: *Berliner Morgenpost*, 30. 8. 2003

Auf dem Smartphone
Interpretationshilfen

Buch inkl. eText: Für den Durchblick bei komplexen literarischen Texten. Mit dem eText den Lektüreschlüssel immer dabei haben.

▶ **⦿** Inkl. eText, für alle Endgeräte, mit Online-Glossar zu literarischen Fachbegriffen

▶ Informationen zu Biografie und Werk, ausführliche Inhaltsangabe, gründliche Analyse und Interpretation

▶ Detaillierte Interpretation wichtiger Schlüsselstellen